하나님의 눈으로 본 야곱, 그는 이스라엘이었다

김세광 지음

엘맨
하나님의 사람을 만들어 가는 ELMAN

하나님의 눈으로 본 야곱,
그는 이스라엘이었다

초판1쇄 2021년 7월 23일

지은이   김세광
펴낸이   이규종
펴낸곳   엘맨출판사
등록번호   제13-1562호(1985.10.29.)
등록된곳   서울시 마포구 토정로 222
          한국출판콘텐츠센터 422-3
전화   (02) 323-4060, 6401-7004
팩스   (02) 323-6416
이메일   elman1985@hanmail.net
www.elman.kr

ISBN   978-89-5515-004-9 03230

값 13,000 원

하나님의 눈으로 본 야곱,
그는 이스라엘이었다

김세광 지음

엘맨
하나님의 사람을 만들어 가는 ELMAN

목차

서문

김삿갓 이야기를 아시나요?

장원급제라는 영광의 자리를 스스로 던져 버리고, 죽은 조상님의 허물을 말하고, 조상을 욕하였다 하여, 하늘 보기가 부끄럽고, 죄송스러워 평생 삿갓을 쓰고 다녔다는 김삿갓 이야기를 아시나요?

야곱에 대하여 톺아보기(샅샅이 훑어가며 살피다)하면서 야곱에 대하여 거짓말쟁이요, 교활하고, 악한 자라는 말로 평하고 가르친다면, 우리 역시 삿갓을 쓰고 다녀야 하는 것 아니야 하고 실없는 생각을 하면서 나 혼자 쓴 웃음을 지었습니다.

오늘날에도 강단에서 가르쳐지는 야곱에 대한 평가는 "사기꾼, 속이는 자, 속여 빼앗는 자, 교활한 자"라고 가르쳐지고 있음을 부인하지 못할 것입니다.

만일 당신이 거룩한 강단에서 야곱에 대하여 이같이 평가하며 가르치고 있다면 당신은 평생을 하늘을 우러러 부끄러워 "삿갓을 머리에 쓸" 준비는 되어 있습니까?

왜냐하면 야곱은 영적 믿음의 조상 중 한 분이기 때문이다.

하나님은 친히 증거하시었다.

"나는 아브라함의 하나님이요, 이삭의 하나님이요, 야곱의 하나님이요, 산 자의 하나님이니라."

믿는 자는 누구나 막론하고 야곱을 믿음의 조상이라고 말하기를 서슴치 않을 것입니다.

더군다나 죽은 자의 하나님이 아시시오, 산 자의 하나님이시니, 야곱은 하나님 안에서 살아계신 분이며, 우리 믿는 자 또한 영적으로 하나님 안에서 산 자이니, 믿음의 차원에서 말하자면 살아있는 조상에 대하여 거짓쟁이라 하며, 악한 말로 폄하하는 것이 아닌가?

야곱에 대하여 가르쳐지는 말씀들에 대하여 무엇인가 석연치 않은 부분들을 생각하여보며, 새로운 차원에서의 야곱을 재조명하며 생각해 보고자 합니다.

어머니 리브가의 출산 시, 형 에서의 발꿈치를 붙들고 세상에 태어난 생애로 부터 시작하여 팥죽 한 그릇으로 장자의 명분을 산 후, 아버지 이삭으로부터 형 에서가 받을 축복기도를 받은 야곱에 대한 평가는 그의 생애 전반적인 부분에서 부정적으로 작용하여 거짓말쟁이, 속이는 자, 사기꾼, 심지어는 야반도주자〈삼촌 라반의 집을 떠난 일〉라는 소리까지 듣는다.

정말 야곱은 그런 사람일까?

만일 야곱을 향한 이러한 평가가 잘못된 것이며, 그릇된 가르침이라면 이건 간단히 웃음으로 넘길 일이 아니라 생각합니다.

보세요!

믿는 자는 누구나 영적으로 표현하면 자신은 하나님 앞에서 "영적 이스라엘"이라 생각하고 있을 것입니다.

하나님께서 당신의 백성 이스라엘을 향하여 자신을 나타내실 때에, 가장 많이 쓰인 증거는 "나는 이스라엘의 하나님이라" 하신 것입니다.

이스라엘은 누구입니까? 그가 바로 야곱이 아닌가요?

이는 하나님이 친히 지어주신 이름입니다.

성경말씀 창세기 창 32:27절~28절을 보겠습니다.

그 사람이 그에게 이르되 네 이름이 무엇이냐 그가 가로되 야곱이니이다 그 사람이 가로되 네 이름을 다시는 야곱이라 부를 것이 아니요 이스라엘이라 부를 것이니 이는 네가 하나님과 사람으로 더불어 겨루어 이기었음이니라

"너의 이름은 이스라엘"이니라.

이 이름은 하나님이 친히 야곱을 위하여 지어주신 이름입니다.

사실이 그렇다면 우리가 야곱에 대하여, 즉 이스라엘에 대하여 속이는 자다, 사기꾼이다, 심지어는 야반도주자라 하는 것이 과연 옳은가?

보세요! 이스라엘에 대한 예수님의 평가를 들어보세요.

요1:47의 말씀을 보겠습니다.

예수께서 나다나엘이 자기에게 오는 것을 보시고 그를 가리켜

가라사대 보라 이는 참 이스라엘 사람이라 그 속에 간사한 것이 없도다

'참 이스라엘'이라면 그 속에는 간사한 것이 없다고 말씀하십니다.

다시 말씀 드리면 '그가 진정 이스라엘 사람이라면' 간교하지 않은 사람, 교활하지 않은 사람, 거짓으로 남을 속여 빼앗지 않는 사람이라는 말입니다.

이스라엘을 향한 예수님의 평가를 인정하시며, 받아들이시나요?

이스라엘의 시조는 누구입니까? 야곱이지요.

그렇다면 우리가 야곱을 향하여 "거짓말쟁이" "교활한 자" "거짓으로 속여 남의 것을 취하는 자"라 말하여서는 안 되며, 그같이 가

르쳐서는 더더욱 안 될 것입니다.

저 자신 역시 일찍이 믿음의 선배들에게서 배우고, 귀 기울여 들어 온대로 야곱에 대하여 이같이 가르쳤다는 것을 솔직히 고백하며 송구하게 생각합니다.

그러나 성경을 읽고 연구하면 연구할수록 이러한 가르침에 문제가 있음을 깨닫게 되었다.

그래서 결국에는 이와같이 붓을 들어 나의 소견을 밝혀 보고자 한다.

그릇된 것이 있을 경우에, 너그러운 마음으로 따끔한 가르침을 주시기를 바랍니다.

참고로 성경은 "개혁한글 성경"을 사용하여 말씀을 주로 인용하였음을 말씀드립니다.

주님이 오신후 2021년 5월 31일

신내동에서 목사 김 세 광

발꿈치를 잡은 자

발꿈치를 잡고 태어나는 것!

이것이야 말로 바로 하나님의 지혜요, 하나님의 섭리입니다.

하나님의 무한하신 지혜가 여기에 숨겨져 있습니다.

인간이 감히 생각도 못할 지혜입니다.

어린 자이면서,

동시에 장자의 권위를 잡으려면

어미 몸에서 앞서 나오는 자와 한 몸으로 나와야만 합니다.

제1장
발꿈치를 잡은 자

야곱은 이삭과 그의 부인 리브가와의 사이에서 둘째 아들로 태어납니다.

이삭은 사십 세에 아내로 맞이하여 결혼을 하였으나 20여년에 걸친 긴 세월 속에서도 둘 사이에는 자녀가 없었습니다. 이로 인하여 이삭은 자녀를 위하여 하나님께 간구하였고, 이삭의 간절한 기도를 들으신 하나님은 리브가의 태의 문을 열어 임신하도록 하였고, 그들에게 자녀를 주셨습니다.

쌍둥이로 태어난 두 아이의 이름은 각각 에서와 야곱입니다.

먼저 태의 문을 열고 태어난 자녀는 붉고 전신이 털옷 같아서 에서라 이름 하였고, 나중에 나온 자는 손으로 에서의 발꿈치를 잡고 태어났기에 그 이름을 야곱이라 하였습니다.

에서와 야곱의 태어남에는 이런 사건이 있습니다.

리브가가 임신을 하였을 때의 일입니다.

임신한 리브가의 복중에 아이들이 어미의 복 중에서 서로 싸우는 것을 느낀 리브가는 심령이 몹시 괴로웠습니다. 견디다 못하던 리브가는 하나님께 호소하며 묻습니다.

"여호와여, 복 중에서 두 아이가 싸우나이다. 이를 어찌하면 좋을까요?"

이에 하나님은 리브가의 기도에 다음과 같이 응답해 주시었습니다.

"두 국민이 네 태중에 있구나 두 민족이 네 복 중에서부터 나누이리라. 이 족속이 저 족속보다 강하겠고, 큰 자가 어린 자를 섬기리라."

어미의 태 중에서부터 에서와 다툰 야곱은 결국 에서의 발꿈치를 잡고 태어나게 됩니다. 에서의 발뒤꿈치를 붙들어 잡고 태어난 야곱은 이 사건을 필두로 하여 그의 전 생애에 전개되는 사건 사건마다 부정적인 이미지로 다루어지고 해석되어지고 있음을 보게 됩니다.

무엇이 문제였나요?

여기 야곱이라는 이름은 "발꿈치를 잡았다." 라는 의미라 합니다.

이름이 그러하기에 야곱에게는 다음과 같은 꼬리표들이 줄지어 따라 옵니다.

"발뒤꿈치를 잡아 넘어뜨리는 자, 교활한 자, 사기꾼, 속여 빼앗는 자 ,"라는 꼬리표가 그의 이름과 행위 뒤에는, 그의 일생에 따라 다니는 것을 성경에서 볼 수가 있습니다.

그리고 야곱에 대하여 가르치는 곳에서는 어김없이 "교활한 자", "악한 자"로 가르쳐지고 있음을 보게 됩니다. 발꿈치를 잡은 행위를 악한 행위라는 생각, 그러한 인식 때문에 그 후에 일어나는 야곱의 모든 행위를 악한 행위로 해석하고 있는 것입니다.

첫 단추를 잘못 끼우면 다음에 끼우는 단추들은 모두가 잘못 끼워지는 것입니다.

결국, 발꿈치를 잡은 자, 다투며 속여 빼앗는 자, 사기꾼, 거짓말쟁이, 심지어는 야반 도주자(삼촌 라반의 집을 떠난 사건을 두고하는 말)라는 좋지 못한 소리까지 듣습니다.

발꿈치를 잡고 태어난 사건, 이 사건이 올바로 해석되어져야 만이 다음의 사건들도 올바로 해석되어질 것입니다.

야곱이 에서의 발뒤꿈치를 잡고 태어난 사건은 하나님의 예언의 말씀에 의하여 살펴보면 참으로 중요한 의미가 있다는 사실을 발견하게 될 것입니다.

예언의 성취를 위한 거룩한 몸부림

먼저 여기서 우리는 스스로 자문해 볼 필요가 있습니다.

발꿈치를 잡은 행위는 선일까? 악일까? 이는 선도 아니고, 악
도 아닙니다.

이 사건에 대하여 선악을 말하기에 앞서 태중에 있는 두 아이 행
동 〈어미 태중에서 싸우는 행위〉에 대하여 이야기 할 때에, 태중의
아이의 행위를 <u>의식있는 두 생명체의 활동으로 본다면</u> 이는 에서
의 발꿈치를 잡은 행위는 악도 아니고, 선도 아닌 거룩한 하나님의
예언의 말씀을 성취하고자 하는 거룩한 몸부림이라 생각을 합니다.

하나님은 리브가의 기도에 다음과 같이 응답해 주시었습니다.

"두 국민이 네 태중에 있구나

두 민족이 네 복 중에서부터 나누이리라.

이 족속이 저 족속보다 강하겠고, 큰 자가 어린 자를 섬기리
라."

섬김을 받는 것은 먼저 태어나는 장자에게 부여된 권리입니다.
이스라엘에서 장자에게는 대단한 권리와 축복이 주어집니다.

첫째는 제사권이다.

둘째는 축복권이다.

셋째는 한 부족의 대표자로서 부족을 다스릴 권리이다.

이는 섬김을 받는 자리이다.

부언하여 말하자면 영적인 축복과 영광을 이어받을 권리가 장자에게 주어집니다. 하나님의 예언의 말씀대로 어린 자이면서 큰 자의 섬김을 받으려면 어찌하여야 할까요? 어린 자, 즉 작은 자, 후에 태어나는 자에게 "장자의 권리"가 주어져야 합니다.

복중에서 다투었으나 결국에는 뜻을 이루지 못하고 에서의 발꿈치를 잡고 태어난 야곱, 그는 거룩한 하나님의 축복을 사모한 사람입니다.

발꿈치를 잡고 태어난 야곱의 행위는 장자의 권리에 대한 몸부림이며 이는 하나님의 예언 말씀의 성취를 향한 거룩한 몸부림이라 생각합니다.

하나님은 그러한 야곱을 귀하게 여기시었고, 축복하시었습니다.

어미 뱃속의 싸움, 이것은 선한 경쟁입니다. 영적 싸움입니다.

이는 악한 행위가 아닌 하나님의 예언의 성취를 위한 거룩한 싸움입니다.

에서와 야곱은 그의 아비 이삭이 기도로 얻는 자녀입니다.

믿음의 대를 이어갈 자녀입니다. 믿음의 대를 이어간다는 것이 왜 중요합니까? 이것은 생명의 대를 이어가는 의미가 있습니다.

태 속의 두 아이의 싸움은 바로 이를 위한 선한 싸움입니다.

우리에게도 이런 싸움이 있습니다.

> 오직 너 하나님의 사람아 이것들을 피하고 의와 경건과 믿음
> 과 사랑과 인내와 온유를 좇으며 믿음의 선한 싸움을 싸우라
> 영생을 취하라 이를 위하여 네가 부르심을 입었고 많은 증
> 인 앞에서 선한 증거를 증거하였도다 (디모데전서 6:11-12)

믿음의 선한 싸움을 하세요.
영적 축복을 놓치지 마세요.
하나님의 축복을 사모하세요.
이를 위하여 당신에게도 "발꿈치를 잡는 거룩한 몸부림"이라도 있기를 바랍니다.

믿음 안에서 장자의 자리란 참으로 영광스러운 자리입니다.
하나님! 저는요, 믿음 안에서 장자가 되기를 소원합니다.

놓칠 수 없어요, 하나님!
이것이 발뒤꿈치라도 잡고 태어난 야곱의 행위입니다. 하나님의

축복을 사모하는 야곱의 외침입니다.

어미 복중에서의 두 아이의 다툼은, 더 큰 축복을 누릴 수 있는 장자의 권리에 관한 다툼입니다. 이러한 장자의 축복과 그에 따르는 영광 받기를 원하시는 여러분들께서는 신실한 믿음생활을 통해서 선의의 경쟁을 하십시오.

믿음의 선한 경쟁을 하는 신실한 하나님의 백성들을 하나님께서는 사랑하시며 그들을 축복하십니다.

우리는 성경에서 참으로 부끄럽고 입 밖에 내기도 부담스러운 사건을 접하게 됩니다. 마태복음 1장에는 예수님의 족보에 대한 기록을 읽어 보게 됩니다.
마태복음 1장 3절에서 "유다는 다말에게서 베레스와 세라를 낳고..." 하는 기록이 있습니다.

보세요!
유다와 다말의 관계는 시아버지와 며느리 사이입니다. 그런데 이둘 사이에서 낳은 자녀를 예수님의 거룩한 족보에 올리고 있음을 읽어보게 됩니다. 이 사건을 통하여 우리에게 무엇을 말씀하며 무엇을 교훈하고자 하는 것일까요?

잠시 사건의 전말을 보겠습니다.

유다에게는 세 아들이 있었습니다. 다말은 유다의 장자 엘과 결혼하여 유다 집안의 첫째 며느리가 되었습니다. 그러나 유다의 장자 다말의 남편 엘이 하나님의 목전에 악을 행하여 하나님으로부터 죽임을 당하였습니다. 이에 유다는 둘째 아들 오난에게 이르기를 "네 형수에게로 들어가서 남편의 아우의 본분을 행하여 네 형을 위하여 씨가 있게 하라."하였습니다. 오난은 그렇게 하여 얻어진 자녀가 자신의 이름으로 일컬어지는 자녀가 되지 않을 것을 알고서 형수인 다말에게 들어갔을 때에 형에게 아들을 얻게 아니하려고 땅에 설정하였습니다. 이 일로 인하여 오난 역시 여호와께 죽임을 당하였습니다. 결국 유다는 다말을 본가로 돌려 보내기로 결심합니다. 이는 이제 하나 남은 아들 셀라까지 그 형들처럼 죽임을 당할까 염려했기 때문입니다.

유다는 다말을 불러 "네 아비 집에 있어서 수절하고 내 아들 셀라가 장성하기를 기다리라."하며 다말을 친정집으로 돌려 보냈습니다.

얼마의 세월이 흘렀습니다.

유다의 셋째 아들 셀라가 장성을 하였으나 유다는 그를 다말에게 보내지 않았습니다. 이를 알게 된 다말은 어느날 시아버지 유다가 자신의 고향 가까이 딤나에 온다는 이야기를 듣고 과부의 의복을 벗어버리고 면박으로 얼굴을 가리고 몸을 휩싸고 딤나 길 곁 에나임 문에 앉아 있다가 시아버지 유다를 맞이하여 잠자리를 같이하게 됩니다. 유다는 다말을 길거리의 창녀로 여겨 함께 하였고, 이때에 다말은 임신하여 아이를 가지게 됩니다. 다말이 유다를 통하여 얻은 자녀가 "베레스와 세라"입니다. 이렇게 얻은 자녀 베레스는 예수님의 족보에 그 이름이 기록되고 있음을 읽어보게 됩니다.

여기서 우리가 다말에게서 얻을 교훈은 집안의 후대를 이어야 한다는 사명감으로 충만해진 그의 마음 상태였으며, 이로 인하여 결국 다말은 유다 집안의 후대를 잇는 축복을 받게 된 것입니다. 더욱 놀라운 사실은 예수 그리스도의 거룩한 족보에 입적하는 축복을 받게 된 것입니다.

기억하세요!
하나님은 믿음의 후대를 잇고자 하는 열정을 사랑하신다는 것입니다. 리브가의 태중의 두 아이의 싸움은 바로 이 하나님의 거룩한 축복의 후대를 잇고자 하는 몸부림인 것이었습니다.

거룩한 싸움을 하십시오, 선한 싸움하세요.
육신의 것을 포기하면서라도 영적인 것을 취하십시오.
영적 싸움에서, 거룩한 싸움에서 이기기를 다투세요.
결코 지지마시고 승리하시기 바랍니다.

야곱의 행동에 대하여 이야기 할 때에, 어미 태중에서의 행위를 의식있는 두 생명체의 활동으로 본다면, 에서의 발꿈치를 잡고 태어난 야곱의 행위는 하나님이 인정하시는 영광된 자리를 놓고 선의의 경쟁을 한 것입니다.

어찌 보면 우리가 주께 부르짖어 기도하는 것,

"은혜주세요, 은사주세요, 성령 충만 주소서. 풍성하게 해 주세요. 남에게 꾸지 않고 돕는 자가 되게 해 주세요."

이렇게 부르짖는 모든 기도는 어떤 이유를 대든 선의의 경쟁인 것입니다.

> 이기기를 다투는 자마다 모든 일에 절제하나니
> 그들은 썩을 면류관을 얻고자 하되
> 우리는 썩지 아니할 것을 얻고자 하노라. (고린도전서 9:25)

태중에서 두 아기 즉, 에서와 야곱이 다툰다는 말씀을 통해서 우리가 배워야 할 중요한 의미는 '하나님의 축복을 사모하라'는 것입니다.

그러므로 하나님의 뜻을 뜨겁게 구하십시오.

또한 하나님의 섭리하심을 기대하십시오.

영적인 것을 사모하십시오.

복중에서의 두 아이의 다툼을 통해서 우리가 배워야 하는 것은 '사모하는 영혼을 하나님은 사랑하신다.'는 것입니다. 그러므로 거룩한 것을 사모하십시오. 신령한 것들을 사모하되, 부패 되지 않는, 영광 된 것들을 사모하십시오. 이 세상에서는 알지 못했던 하나님께 속한 것들을 사모하십시오.

> 내 영혼이 여호와의 궁정을 사모하여 쇠약함이여 내 마음과 육체가 생존하시는 하나님께 부르짖나이다.(시편 84:2)

> 저가 사모하는 영혼을 만족케 하시며
> 주린 영혼에게 좋은 것으로 채워주심이로다. (시편 107:9)

> 주를 향하여 손을 펴고
> 내 영혼이 마른 땅 같이 주를 사모하나이다. (시편 143:6)

그러므로 세상 것을 가지고는 결코 다투지 마세요.
오히려 양보하세요. 그러나 하늘의 것, 영원한 것, 하나님께 속한 것을 위해서는 절대로 양보하지 마세요.

마르다와 마리아를 보십시오.
마리아는 앞자리를 결코 양보하지 않았습니다.
예수님의 발꿈치를 붙들만큼 주의 발치에 앉아 그의 말씀을 듣기를 원하였습니다. 이에 예수님은 말씀을 하시었습니다.

"마리아는 이 좋은 편을 택하였으니 빼앗기기 아니 하리라."

많은 사람들이 세상일에는 욕심을 냅니다.

"일이 있으면 저를 주세요." 그래서 회사에서 인정받고자 합니다.

그 이유는 내가 다른 사람들보다 돈을 더욱더 많이 벌어서 행복한 삶을 살아가기 위해서가 아닐까요? 그런데 교회 일에는 "OO 집사에게 시키지 어찌 나더러만 하라는지?"하면서 불평합니다. 교회일에 열심 내어 하나님께 인정을 받으십시오.

하나님의 뜻이 어린 자에게 있나요, 큰 자에게 있나요?
어린 자에게 있습니다.

말라기 선지자를 통하여 하신 말씀을 들어 보겠습니다.

여호와께서 가라사대 내가 너희를 사랑하였노라 하나
너희는 이르기를 주께서 어떻게 우리를 사랑하셨나이까
하는도다 나 여호와가 말하노라 에서는 야곱의 형이 아니냐
그러나 내가 야곱을 사랑하였고 에서는 미워하였으며
그의 산들을 황무케 하였고 그의 산업을 광야의 시랑에게 붙
였느니라 (말라기 1:2-3)

하나님은 말씀하시기를 "야곱을 사랑했노라."하십니다.

야곱을 일생에 사랑하고, 함께 하시며 축복하시겠다 하십니다.

하나님이 야곱을 따라다니시면서 말씀하십니다.

"내가 너와 함께 하리라. 내가 너를 도우리라." 말씀하여 주십니다.

에서의 힘에 밀려 에서의 발꿈치를 붙들고 태어난 야곱!

연약하여 힘에 밀려 발꿈치라도 붙들고 나오더라도 하나님의 축복은 놓치지 마십시오. 마침내 야곱은 하나님의 축복을 받았습니다. 영적인 전쟁에서 승리하여 야곱과 같은 사람이 되시기 바랍니다.

이 여인을 보십시오.

이 여인은 헬라인이요 수로보니게 족속이었습니다. 여인에게는 더러운 귀신에게 사로잡혀 고통당하는 딸이 있었습니다. 그녀가 예수의 소문을 듣고 찾아와 발 앞에 엎드려 간절히 간구하기를

"주여! 나의 어린 딸이 귀신들려 심히 괴로워 하나이다. 귀신을 쫓아 온전케 하여 주소서."

그러자 예수님은 그 여인에게 말씀하시기를

"자녀로 먼저 배불리 먹게 할지니 자녀의 떡을 취하여 개들에게 던짐이 마땅치 아니하니라."

이에 여인은 대답합니다.

"주여 옳소이다마는 상 아래 개들도 아이들의 먹던 부스러기를 먹나이다."

여인의 말인즉, 비록 개 취급을 받더라도 주님의 축복하심을 받아야겠다는 것입니다. 예수님은 이 여인을 향하여 이르시기를 "이 말을 하였으니 돌아가라 귀신이 네 딸에게서 나갔느니라." 하시어 여인의 소원을 들어 주시었습니다.

여인의 어린 딸이 귀신에게 놓여 깨끗하여졌습니다.

하나님의 축복을 기필코 받기를, 정말로 원하십니까?
형 에서의 발뒤꿈치를 붙들고 태어난 야곱과 같은 자가 되세요!
비록 힘이 부족하여 차자로 태어나지만은 '발뒤꿈치' 라도 붙들고 장자를 사모하는 자가 되시기 바랍니다.

어떠한 곤경에 처한다 할지라도 결코 포기하지 않고. 우리 주님의 말씀을 통해서 인내함의 기도를 통해서, 하나님의 은혜를 사모하는 자만이 승리자가 되며, 하나님의 축복을 받는 자가 될 것입니다.

이런 사람이 바로 우리주님께서 기다리시며 찾고 계시는 참된 이스라엘이 된다는 말입니다.

야곱의 이름을 하나님께서 '이스라엘'로 바꿔 주심을 너무나 쉽게 생각하지 마십시오. 먼저는 그 야곱에게 하나님의 택하심의 섭리하심이 계셨고, 야곱 본인도 하나님 앞에서 정직하게 최선을 다하는 삶을 살아가는 그 과정에서 하나님으로부터 인정받게 된 결과의 열매였습니다.

야곱의 심령을 아시겠습니까?
야곱은 어미 뱃속에서부터 하늘의 영광을 아는 자요, 하나님의 축복을 사모하는 자요, 하나님의 은혜를 구하는 자입니다. 이러한 야곱이기에 야곱에 대한 하나님의 사랑과 관심과 축복과 역사하심을 다음과 같이 증거하시었습니다.

"나 여호와가 말하노라 에서는 야곱의 형이 아니냐 그러나 내가 야곱을 사랑하였고 에서는 미워하였으며 ...."(말라기 1:2)

"야곱아 네가 어찌하여 말하며 이스라엘아 네가 어찌하여 이르기를 내 사정은 여호와께 숨겨졌으며 원통한 것은 내 하나님에게서 수리하심을 받지 못한다 하느냐 너는 알지 못하였느냐 듣지 못하였느냐 영원하신 하나님 여호와, 땅 끝까지 창조하신 자는 피곤치 아니하시며 곤비치 아니하시며 명철이 한이 없으시며 피곤한 자에게는 능력을 주시며 무능한 자에게는 힘을 더하시나니 소년이라도 피곤하며 곤비하며 장정이라도 넘어지며 자빠지되 오직 여호와를 앙망하는 자는 새 힘을 얻으리니 독수리의 날개치며 올라감 같을 것이요 달음박질하여도 곤비치 아니하겠고 걸어가도 피곤치 아니하리로다." (이사야 40:27-31)

"나의 종 너 이스라엘아 나의 택한 야곱아 나의 벗 아브라함의 자손아 내가 땅 끝에서부터 너를 붙들며 땅 모퉁이에서부터 너를 부르고 네게 이르기를 너는 나의 종이라 내가 너를 택하고 싫어 버리지 아니하였다 하였노라 두려워 말라 내가 너와 함께 함이니라 놀라지 말라 나는 네 하나님이 됨이니라 내가 너를 굳세게 하리라 참으로 너를 도와 주리라 참으로 나의 의로운 오른손으로 너를 붙들리라." (이사야 41:8-10)

그러므로 발꿈치를 잡고 나오더라도 하나님의 축복을 사모하는 자가 되십시오. 그리하면 비록 연약하여, 할 수 없어, 이기지 못하여, 힘에 밀려 발꿈치를 잡고 태어나더라고 하나님은 그런 사람을 인정하시고 축복하시겠다는 것입니다.

그리고 다음과 같은 놀라운 축복의 말씀을 주십니다.

"지렁이 같은 너 야곱아, 너희 이스라엘 사람들아 두려워 말라 나 여호와가 말하노니 내가 너를 도울 것이라 네 구속자는 이스라엘의 거룩한 자니라 보라 내가 너로 이가 날카로운 새 타작 기계를 삼으리니 네가 산들을 쳐서 부스러기를 만들 것이며 작은 산들로 겨 같게 할 것이라."(이사야 41:14-15) "또 미리 정하신 그들을 또한 부르시고 부르신 그들을 또한 의롭다 하시고 의롭다 하신 그들을 또한 영화롭게 하셨느니라." (로마서 8:30-31)

하나님은 미리 정하시었습니다. 야곱을 축복의 사람으로 정하시었으며 의롭다 하시고 영화롭게 하시겠다는 말씀입니다.

다른 차원에서 생각하여 보겠습니다.
발꿈치를 붙들고 태어나는 것, 이 사실이 중요합니다.
이것 때문에 야곱이 당치 않는 욕을 먹지만 여기에 하늘의 비밀이 감추어져 있습니다. 하나님의 지혜와 섭리하심이 여기에 있습니다.

지금까지는 어미 태중에서의 두 아이의 행위를 의식있는 두 생명체의 활동으로 보았다면, 이제는 <u>의식이 없는 단순한 핏덩이의 움직임</u>으로 보며, 이 사건을 생각해 보고자 합니다.

한 생명의 태어남의 역사는 전적으로 하나님의 섭리요, 하나님의 역사입니다. 장자이든 차자이든 하나님께서 하시는 일입니다.

뱃속에 있는 핏덩이가 '내가 장자여야 한다.' '나는 결코 차자이어서는 안 돼!' 했다고 하여 장자요, 차자의 태어남의 결정이 뱃속의 아이에 의하여 결정되는 것이 아닙니다. 한 생명의 태어남의 역사는 전적인 하나님의 섭리입니다. 장자로 태어나든지, 혹 차자로 태어나든지, 혹 발꿈치를 잡고 태어나게 하는 일은 모두가 하나님의 섭리입니다.

그런데 왜 이일로 인하여 '야곱은 악하다.'하는 소리를 들어야 하는지요? 이것은 커다란 잘못입니다.

이유는 우리가 놓친 것이 있습니다.
그것이 무엇인가 하니 그것은 태어남에 있어서의 하나님의 주권 말입니다. 이 부분을 생각지 않는 것입니다. 복중의 아이의 자리다툼, 즉 장자, 차자를 결정하는 일이 복중 핏덩이의 손에 있는 것이 아닙니다. 하나님의 권한입니다.

토이장이가 흙 한덩이로 큰 그릇을 만들든지, 혹 작은 그릇을 만드는 것은 전적으로 토이장이의 권한입니다. 토기가 나는 왜 작은 그릇으로 만들었느냐? 하고 항변하는 것이 가당한 일입니까?

"질그릇 조각 중 한 조각 같은 자가 자기를 지으신 자로 더불어 다툴진대 화 있을진저 진흙이 토기장이를 대하여 너는 무

엇을 만드느뇨 할 수 있겠으며 또는 네가 만든 것이 그는 손
이 없다 말할 수 있겠느뇨" (이사야 45:9)

"그러나 여호와여 주는 우리 아버지시니이다
우리는 진흙이요 주는 토기장이시니
우리는 다 주의 손으로 지으신 것이라."(이사야 64:8)

　장자든 차자든, 발꿈치를 잡고 태어나게 하시는 것도 하나님의
섭리입니다.

**　우리는 여기서 이 사실을 <u>구원의 관계</u>에 비추어 생각하여 보겠
습니다.**
　우리 인생은 행위로 구원받을 수 있는 자, 아무도 없습니다.
　오직 구원은 믿음으로 얻으며, 믿음은 하나님의 선물입니다.

**　발꿈치를 붙들어야 할 이유!**
　여기에 하늘의 비밀이 있다.
　야곱으로 하여금 <u>에서의 발꿈치를 잡고 태어나게 하신 하늘의 비
밀이</u> 여기에 있는 것입니다.

　하나님의 예언의 말씀은 이렇습니다.
　　"큰 자는 어린 자를 섬기리라 ."

이 하나님의 예언의 말씀이 성취되려면 차자요, 어린자이면서 하나님의 축복을 이어받을 수 있는 장자이어야만 합니다. 이 언약이 성취되어지기 위한 방법은 하나, 차자로 태어나면서, 에서의 발꿈치를 잡고 한 몸처럼 태어나는 것입니다.

발꿈치를 잡고 태어나는 것!
이것이야 말로 바로 하나님의 지혜요, 하나님의 섭리입니다.
하나님의 무한하신 지혜가 여기에 숨겨져 있습니다.
인간이 감히 생각도 못할 지혜입니다.
어린 자이면서, 동시에 장자의 권위를 잡으려면 어미 몸에서 앞서 나오는 자와 한 몸으로 나와야만 합니다.

발뒤꿈치를 잡고, 붙은 한 몸!
야곱과 에서는 연결된 한 몸으로 태어난 것입니다.
이 사실은 후에 아버지이신 이삭이 축복기도 할 때에 감히 구분치 못하고 야곱에게 장자의 축복을 하게 되는 빌미가 된 것입니다.

야곱은 과연 어떤 사람인가?

"야곱은 조용한 사람입니다."

조용함이란 단순하게 야곱이 떠들거나,

들어내지 아니하고, 말수가 적고, 부산하지 않고,

산만하지 않는 사람이기에 장막에 거하였다는 말이 아닙니다.

조용함이란 히브리어로 '탐'으로

'순전하다', '완전하다', '경건하다'의 의미가 있습니다.

제2장
야곱은 과연 어떤 사람인가?

우리는 이제 성장과정에서의 과연 야곱은 어떤 사람이었는가를 알아 보고자 합니다.

진정 야곱은 뭇사람들의 입에 오르내리고 있는 것처럼, 거짓말 쟁이며 악한 자인가, 속여 빼앗는 사기꾼인가, 이에 대하여 성경에서 그 해답을 찾고자 합니다.

성경은 에서와 야곱에 대한 성장과정을 이렇게 말하고 있습니다.

에서는 익숙한 사냥꾼이기에 들[광야]의 사람이 되었고, 야곱은 조용한 사람이었으므로 장막에 거하였다. 이것이 에서와 야곱의 성장과정이라고 할 수 있는 그들의 삶을 설명하는 전부입니다.

야곱은 장막의 사람

"에서는 들사람이 되었고, 야곱은 조용한 사람이었기에 장막에 거하였다."

이 한 절의 말씀은 대단히 중요한 구절입니다.

성장과정에서, 에서의 삶과 야곱의 삶을 아주 극명하게 보여주는 구절입니다. 아울러 이 구절의 말씀을 통하여 우리는 저주의 삶과 축복의 삶이 무엇인가를 배우게 됩니다.

에서는 들사람이 되었고, 야곱은 장막의 사람이 되었다 하였습니다.

에서는 장막을 떠나 들[광야]을 헤매며 짐승의 뒤만 쫓는 사람이었고, 야곱은 장막을 떠나지 아니하고 장막에 거주하는 삶을 살았다는 말입니다.

우리는 여기서 에서와 야곱의 삶을 유추하여 생각 해 볼 수가 있습니다. 저는 감히 조금은 조심스럽게 이야기한다면 에서는 장막을 떠나 들을 헤매는 세상 사람이요, 야곱은 장막을 떠나지 아니하고, 장막의 거주하는 하나님의 사람이었다 라고 말씀을 드릴 수 있습니다.

여기서 야곱이 거주한 장막의 의미를 먼저 생각하여 보기로 하겠습니다. 이스라엘 사람들에게 있어서 장막은 사람들이 살아가는 거처입니다. 그러나 좀 더 깊은 영적 의미로서 "성소, 성전, 하나님의 집"의 의미가 있음을 알아야 하겠습니다.

여기서 야곱의 삶의 거처를 이야기 할 때에, "집 혹은 거처 혹은 숙소"라고 하지 아니하고 굳이 "장막"이라고 기록한 의도가 있으리라는 생각을 합니다.

성경에서 많은 부분, 장막은 하나님의 집, 성전, 제단, 성막을 말하기도 합니다. 성경에 나타나는 '장막은 많은 부분 성소를 가르키고 있음'을 보게 됩니다.

하나님은 모세를 통하여 이렇게 지시하십니다.

"내가 내 장막을 너희 중에 세우리니
내 마음이 너희를 싫어하지 아니할 것이며
나는 너희 중에 행하여 너희 하나님이 되고
너희는 나의 백성이 될 것이니라." (레위기 26:11-22)

시편기자 다윗은 이렇게 실토합니다.

"만군의 여호와여 주의 장막이 어찌 그리 사랑스러운지요."(시편 84:1)

"내가 영원히 주의 장막에 거하며 내가 주의 날개 밑에 피하리이다."(시편 61:4)

성경은 모세를 통하여, 또한 다윗을 통하여 하나님은 당신의 집을 장막이라 하십니다. 이와같이 하나님의 말씀인 성경에서 성소, 성막, 성전, 하나님의 집에 대하여 장막이라는 단어를 사용하고 있음을 보게 됩니다.

여기서 저는 두 가지의 이유를 들어 야곱이 거주하였던 장막이 성소, 성전, 하나님의 집을 의미한다고 생각합니다.

에서와 야곱을 향하여 말라기 선지자를 통하여 말씀하신 증거의 말씀이 이렇습니다.

"여호와께서 가라사대 내가 너희를 사랑하였노라 하나 너희는 이르기를 주께서 어떻게 우리를 사랑하셨나이까 하는도다 나 여호와가 말하노라 에서는 야곱의 형이 아니냐 그러나 내가 야곱을 사랑하였고 에서는 미워하였으며 그의 산들을 황무케 하였고 그의 산업을 광야의 시랑에게 붙였느니라 에돔은 말하기를 우리가 무너뜨림을 당하였으나 황폐된 곳을 다시 쌓으리라 하거니와 나 만군의 여호와는 이르노라 그들은 쌓을지라도 나는 헐리라 사람들이 그들을 일컬어 악한 지경이라 할 것이요 여호와의 영영한 진노를 받은 백성이라 할 것이며 너희는 목도하고 이르기를 여호와께서는 이스라엘 지경 밖에서 크시다 하리라." (말라기 1:2-5)

하나님은 이스라엘 백성들을 향하여 강한 말씀으로 증거하시기를 "에서는 야곱의 형이 아니냐? 그러나 내가 야곱을 사랑하고 에서는 미워하노라."

하나님은 에서를 미워하시는 것으로 끝나는 것이 아니라, 철저하게 에서의 삶을 파괴하시겠다 증언하십니다. 하나님께서 이렇게까지 철저하게 파괴하시겠다는 이유는 무엇인가요?

에서는 장막을 떠나 산과 들을 헤메는 들사람이기에 에서의 산들을 황무하게 할 것이며, 짐승의 뒤만 쫓아다니는 자이기에 도리어 그의 산업을 광야의 시랑〈짐승들〉에게 붙이겠다는 것입니다.

특히 여기 우리의 관심을 끄는 말씀이 있습니다.
"너희는 목도하고 이르기를 여호와께서는 **이스라엘 지경 밖에서 크시다** 하리라."

여기서 우리가 반드시 알아야 하는 것은 "에서는 이스라엘 밖의 사람"이라는 것입니다. 에서는 이스라엘 지경 밖의 사람이요, 하나님의 약속과 언약에서 떠나 있으며, 장막, 성소를 떠나 세상을 떠도는 자입니다. 그러기에 하나님께서 장막의 사람인 야곱을 사랑하시었으며, 축복하시었으나 이스라엘 지경 밖의 사람으로 세상을 떠도는 에서는 철저하게 저주하신 것입니다.

야곱은 이스라엘 사람이요, 에서는 이스라엘 지경 밖의 사람입니다. 야곱은 이스라엘 사람이요, 하나님의 사람이요, 장막의 사람이요, 제단의 사람입니다.

그러나 에서는 이스라엘 밖의 사람이요, 세상 사람이요, 들의 사람이요, 제단 밖의 사람입니다. 그러기에 야곱은 축복의 사람이요, 에서는 하나님이 그의 삶 전체를 헐어버리시는 저주의 사람이었던 것입니다.

보세요.
장막의 삶을 살았던 야곱의 삶이 얼마나 귀한지를 보세요.
그리고 하나님 보시기에 얼마나 아름답고 축복의 삶인지를 보세요.
하나님은 야곱의 생애 전반에 걸쳐 함께 하시며 축복하실 것과 어디를 가든지 지켜주실 것, 그리고 이 땅으로〈아비집, 야곱이 거하던 장막 집으로〉돌아오게 하시겠다고 언약하십니다. 그것도 반드시 그리하시겠다는 언약을 하셨습니다.

벧엘 광야에서의 야곱의 꿈에 보이신 하나님은 야곱에게 다음과 같이 언약하십니다.

너 누운 땅을 내가 너와 네 자손에게 주리니 네 자손이 땅의 티끌 같이 되어서 동서남북에 편만 할지며 땅의 모든 족속이 너와 네 자손을 인하여 복을 얻으리라 내가 너와 함께 있어 네가 어디로 가든지 너를 지키며 너를 이끌어 이 땅으로 돌아오게 할지라 내가 네게 허락한 것을 다 이루기까지 너를 떠나지 아니하리라 (창세기 28:13-15)

어찌하여 하나님께서 야곱을 굳이 아비 집으로, 장막의 삶으로 이끄시겠다는 것일까요?

아비 집, 장막의 삶에는 무엇이 있기에 야곱을 필히 그 곳으로 이끄시겠다는 것입니까?

첫째 그곳은 하나님의 언약이 있는 곳입니다.
　　조상 적부터 주어진 하나님의 언약이 있는 곳입니다.
　　조부 아브라함과 아비 이삭으로 이어지는 하나님의 택하심과 축복하심의 언약이 있는 곳입니다.
둘째 그곳은 하나님을 향한 거룩한 제사가 있는 곳입니다.
셋째 그곳은 하나님을 향한 찬양과 경배가 있는 곳입니다.
넷째 그곳은 하나님의 임재하심이 있고, 하나님의 시선과 관심이 머물러 있는 곳입니다.

실제로 아비 집을 향하여 가는 야곱의 발걸음은 순조로웠으나,

아비 집을 향하여 가는 야곱의 발걸음이 지체할 때에는 고난〈참조 창 33:16-31, 딸 디나의 강간 사건〉 임하였던 것입니다. 이는 아비 집, 장막 집을 향하여 가는 야곱의 발걸음을 하나님이 기뻐하시었으나, 장막을 향하지 않고, 머뭇거리는 발걸음을 하나님이 기뻐하지 아니하셨습니다.

조용한 심성의 사람, 야곱

야곱은 '조용한 사람'이었기에 장막에 거주하였다 했습니다.
장막을 떠나지 아니하고 장막에 거한 이유가 다른 것이 아니라, 야곱이 조용한 사람이었기에 그렇다는 이야기입니다.

여기서 우리는 야곱이 "조용한 사람"이었다 하는 사실에 주목할 필요가 있다.

"야곱은 조용한 사람이었으므로 장막에 거주하니..."
여기서 말하는 조용함이란 단순하게 야곱이 떠들거나, 들어내지 아니하고, 말수가 적고, 부산하지 않고, 산만하지 않는 사람이기에 장막에 거하였다는 말이 아닙니다.

그렇다면 장막에 거주하는 조용한 심성의 사람, 야곱은 어떠한 사람일까요?

히브리 원어로 조용함이란 단어가 ",〈히브리어:탐〉"이라 기록되어 있습니다. 히브리어 '탐'은 '순전한', '완전한', '경건한' 등의 의미가 있습니다.

〈그랜드 종합주석, p617 참조〉

야곱이 바로 이런 심령의 사람이라는 말입니다.

야곱은 순전한 사람이었기에, 야곱은 완전한 사람이었기에, 야곱은 경건한 사람이었기에 장막에 거하였다는 것입니다.

그렇습니다.

야곱은 조용한 사람, '순전하고, 완전하고, 경건하기' 까지 한 심성의 소유자입니다. 이런 성격, 이런 심성의 소유자가 거짓말쟁이요, 거짓으로 속여 형의 축복을 도적질하는 사람일 수는 더더욱 아닙니다. 형의 배고픔을 이용하여 간사하고 교활하고, 악랄하게 자신의 이익을 취하는 사람이 결코 아니라는 말입니다.

야곱에 대하여 평을 할 때에, 우리가 주의 해야 하는 것은 세상 사람들이 그에 대하여 어떻게 생각하며 말하느냐가 중요한 것이 아니라, 하나님께서 그에 대하여 어찌 말씀 하시느냐가 중요한 것입니다.

이러한 사실은 다윗의 삶을 통하여 극면하게 볼 수 있습니다.

다윗의 삶을 살펴본다면, 일반적인 사람들이 그 다윗을 볼 때에 윤리적, 도덕적으로 결함이 있었음을 부인할 수 없을 것입니다.

그러나 시편에 기록된 말씀을 통하여 다윗의 생애를 살펴 본다면, 다윗은 하나님 앞에 다음과 같이 고백합니다.

"내가 주께만 범죄하여 주의 목전에 악을 행하였사오니 주께서 말씀하실 때에 의로우시다 하고 판단하실 때에 **순전하시다** 하리이다" (시편 51:4)

"내가 나의 **완전함에 행하였사오며** 요동치 아니하고 여호와를 의지하였사오니 여호와여 나를 판단하소서" (시편 26:1)

"여호와께서 자기를 위하여 **경건한 자를** 택하신 줄 너희가 알지어다 내가 부를 때에 여호와께서 들으시리로다" (시편 4:3)

다윗은 하나님 앞에 자신을 보이며, 자신은 하나님 앞에 순전한 자라 말하고 있습니다. 또한 자신의 행위가 완전함을 말하고 있으며, 자신은 하나님 보시기에 경건한 자라 주장하고 있습니다.

이러한 다윗에 대하여 하나님은 이렇게 증언하십니다.

"내가 이새의 아들 다윗을 만나니 내 마음에 합한 사람이라
내 뜻을 다 이루게 하리라." (사도행전 13:22)

야곱은 다윗처럼, 하나님 앞에 '순전한 자', '완전한 자', '경건한
자' 이기에 하나님의 마음에 합한 심령의 소유자이며, 이로 인하여
장막 〈성소, 하나님의 집〉에 거하였고 하나님의 축복의 사람으로
합당하였다는 것입니다.

다시 한번 귀 기울여 들어 봅시다.
"에서는 야곱의 형이 아니냐?
그러나 내가 야곱을 사랑하고 에서는 미워하노라,"

우리 모두 장막의 사람이 되어, 야곱처럼 하나님의 사랑받기에
합당한 사람이 되시기를 바랍니다.

팥죽 한 그릇과
장자의 명분

하나님께서 예언하신 말씀의 성취를 위한
섭리의 사건이 팥죽 한 그릇 사건입니다.
팟죽 한 그릇으로 장자의 명분을 사는 행위는
조용한 심성의 야곱이라는 사실에 비추어 볼 때에
이는 결코 교활하여 남의 약점을 이용하여
이득을 취하는 악한 행위가 아닙니다.
하나님 보시기에 악한 행위가 아닙니다.
오히려 하나님의 사랑을 받는 행위인 것입니다.

제3장
팥죽 한 그릇과
장자의 명분

팥죽 한 그릇으로 장자의 명분을 산 이 사건은 야곱의 생애에서 가장 욕을 많이 먹는 사건으로 회자되고 있습니다. 이 사건으로 인하여 야곱은 교활한 자, 간교한 자, 남의 약점을 이용하여 자기의 이익을 취한 자 등 여러 가지 말로 욕을 듣게 됩니다.

흔히 이렇게 말합니다.

세상에 이런 나쁜 사람이 어디있는가?

형의 배고픔의 약점을 이용하여 장자의 명분을 빼앗아?

과연 야곱이로다! 세상에 치사하고, 간사하고, 교활하기기 그지없는 자!

그래, 형인 에서가 들[광야]에 나아가 혼신을 다하여 짐승을 잡아 오느라 배가 몹시 고프다면 형을 위하여 팥죽이 아니라 더한 것이라도 그를 위하여 제공하는 것이 마땅하지 않겠는가? 형 에서가 들에 나아가 들짐승을 잡아 어깨에 메고 오면 온 가족이 즐거워하며 잔치를 하지 않는가? 형 에서가 들에서 힘들여, 땀 흘려, 잡아온 고기를 야곱은 안 먹나? 그런 즐거움에 함께 하였다면 들에서 돌아온 형 에서의 배고픔을 위하여 팥죽을 제공하는 것이 당연하지 않아? 야곱은 정말 치사하고, 나쁜 사람이야!

그러나 정말 그러한가?
이 사건이 과연 야곱이 욕을 먹을 사건이란 말인가?
팥죽 한 그릇으로 장자의 명분을 손에 거머쥔 이 사건은 에서의 발꿈치를 잡고 태어난 사건에 이어 더욱 나쁜 이미지를 불러일으킨 사건이기도 합니다.

그러나 저는 이 사건을 통하여 "야곱의 더욱 아름다운 은혜"의 면을 보고자 합니다. 팥죽 한 그릇으로 장자의 명분을 산 사건이 바르게 그리고 제대로 이해되어 지려면 여호와 하나님께서 리브가의 호소를 들으시고 그녀에게 하신 말씀에 귀를 기울일 필요가 있습니다.

"여호와께서 그에게 이르시되 두 국민이 네 태중에 있구나 두 민족이 네 복중에서부터 나누이리라 이 족속이 저 족속보다 강하겠고 큰 자는 어린 자를 섬기리라 하셨더라"

하나님께서 리브가에게 하신 예언의 말씀에는 야곱은 모든 자의 섬김을 받는 자로 예언 되어져 있습니다. 이 예언의 말씀대로 어린 자가 큰 자의 섬김을 받는 자리에 나아가는 사건이 바로 팥죽 한 그릇 사건입니다.

하나님께서 예언하신 말씀의 성취를 위한 섭리의 사건이 팥죽 한 그릇 사건입니다. 팥죽 한 그릇으로 장자의 명분을 사는 행위는 조용한 심성〈탐, 히브리어... '순전한', '완전한', '경건한' 〉의 야곱이라는 사실에 비추어 볼 때에 이는 결코 교활하여 남의 약점을 이용하여 이득을 취하는 악한 행위가 아니라는 말입니다. 하나님 보시기에 악한 행위가 아니라는 말이지요. 오히려 하나님의 사랑을 받는 행위인 것입니다.

왜 그러냐 하면 하나님의 예언의 말씀이 이루어지고, 야곱이 정녕 에서의 섬김을 받는 자리에 나아가기 위하여서는 반드시 필요한 사건이 바로 이 팥죽 한 그릇사건입니다.

야곱이 하늘의 축복, 아비 이삭의 축복을 이어받기 위하여서는 장자의 명분을 반드시 얻어야만 합니다. 형 에서의 발꿈치를 잡고 태어나는 사건으로 형 에서와 한 몸같이 태어남으로서 장자의 권리를 함께 나눌 수 있는 근거가 마련되었고, 팥죽 한 그릇의 사건을 통하여서는 아비 이삭의 축복을 떳떳하게 받을 명분까지 마련되었습니다. 후에 야곱은 장자 에서가 받을 축복 기도를 당당하게 아버지 이삭으로부터 받습니다.

야곱이 아버지 이삭의 축복기도를 받기 위하여 어머니 리브가가 만들어준 별미를 가지고 아비 이삭 앞에 섰습니다.

이삭이 야곱에게 묻습니다.
"네가 누구냐? 네가 참 내 아들 에서냐?"

야곱이 대답합니다.
"그렇습니다. 내가 에서니이다."

여기서 두 사람의 대화, 이삭과 야곱의 대화에서

야곱이 아비 이삭의 물음에 거짓을 고한 것인가요? 아비 이삭을 속인 것인가요? 단순하게 겉에 들어나고 나타난 언어의 말에 의하여 판단한다면 거짓을 고한 것이다 라고 말할 것입니다. 그러나 우리 하나님의 사람들, 믿음의 사람들, 영적인 사람들은 영적인 깊이는 보아야 할 것입니다.

먼저 우리는 두 사람의 대화에서 무엇이 잘못되었나를 알아야 하겠습니다.

아비 이삭의 질문이 문제입니다.

자식에게 축복기도를 하고자 하는 이삭은 "하나님의 대리인"이라는 인식을 가져야만 했습니다. 왜냐고요? 이유는 이렇습니다. 이삭의 축복기도는 이삭의 축복이 아니라 하나님의 축복이기 때문입니다.

이런 관점에서 생각할 때에, 이삭의 질문은 이래야만 옳을 것입니다.

"네가 누구냐? 네가 과연 하나님의 축복을 받기에 합당한 장자더냐?"

이러한 질문에 대한 야곱의 대답은

"예 제가 바로 하나님의 축복을 받기에 합당한 장자니이다."

질문이 잘못되었으니 대답 또한 다를 수밖에 없는 것입니다.
그러기에 야곱의 거짓이라 말할 수 없는 것입니다. 야곱은 아비 이삭에게 거짓을 고한 것이 아닙니다.

팥죽 한 그릇 사건은 그동안 너무도 많은 오해를 불러일으킨 사건입니다. 저는 여기서 팥죽 한 그릇의 사건을 통하여 야곱의 참 모습을 보여드리고자 합니다. 팥죽 한 그릇의 사건은 **하나님의 계획하신 일을 완벽하게 이루려는 야곱의 거룩한 욕망인 것입니다.**

이 사건은 우리에게 무엇을 말하고 있을까요?

간혹 이런 말로 회자되고 있음을 봅니다. 야곱이 형의 장자의 권리를 가로채고자 하여 그 기회를 호시탐탐 노렸습니다. 참으로 교활하고, 간교한 사람이다, 라고 말입니다.

이 사건을 부정적인 면에서 보다는 적극적인 면에서 바라보는 것이 옳을 것입니다. 이유는 야곱은 그의 심령이 '순전하고, 완전하고, 경건한' 성격의 소유자이기에 누군가의 약점을 이용하여 해를 끼치고자 기회를 엿보는 자가 아니기 때문입니다. 이것은 하나님의 축복하심을 사모하는 야곱의 강력한 의지요, 열정인 것입니다. 하나님의 뜻을 이루고자 하는 의지와 열정입니다.

이러한 야곱의 마음을 아시고 하나님이 야곱에게 장자의 권리를 취득할 수 있는 기회를 허락하여 주신 것입니다.

솔로몬의 잠언에 이르기를

"사람이 마음으로 자기의 길을 계획할지라도 그 걸음을 인도하는 자는 여호와시니라."

"사람의 마음에는 많은 계획이 있어도 오직 여호와의 뜻이 완전히 서리라."

성경은 외칩니다.

"열심을 품고 주를 섬겨라!"

"하나님을 기쁘시게 하는 일이 무엇인지 분별하여 보라!"

"힘을 다하고, 목숨을 다하고, 뜻을 다하여 주 너희 하나님을 사랑하라!"

그리하여 주 너희 하나님의 뜻을 이루라!

야곱이 장자로서 축복받는 일, 아비로부터 하늘과 땅의 기름짐의 축복, 모든 자의 섬김을 받는 자로서의 축복은 하나님이 계획하신 일이요, 하나님이 선지자를 통하여 예언하신 언약의 말씀입니다.

거룩한 욕망을 가지십시요.

하나님의 축복하심에 대한 거룩한 욕망을 마음에 품으십시오.

그리고 그것을 이루고자 하는 꿈을 가지십시오. 그리하면 하나님께서 그 길을 인도하십니다.

하나님의 말씀을 사모하는 영의 사람들, 여러분의 심령 안에도 야곱과 같이 예언되어진 하나님의 뜻을 이루고자 하는 강한 의지가 보여지기를 바랍니다.

하나님의 뜻하신 것을 이루기 위하여 하나님의 언약의 말씀을 마음에 품으십시오. 그리고 잠들지 마십시오. 성령님께서 주시는 믿음 안에서의 지혜를 활용하십시오.

보라 내가 너희를 보냄이 양을 이리 가운데 보냄과 같도다 그러므로 너희는 뱀 같이 지혜롭고 비둘기 같이 순결하라 (마태복음 10:16)

팥죽 한 그릇의 사건!

이 사건은 오래전부터 하나님의 섭리하심이 야곱에게 있었기 때문에 그 하나님의 뜻을 이루는 행위이며, 완전함을 이루고자 하는 야곱의 강한 의지였습니다.

성경이 말하는 영적인 장자는 누구인가요?

하나님이 축복하시는 영적인 장자, 섬김을 받는 자는 누구입니까?

작은 자, 즉 차자인 〈야곱〉으로 하나님의 말씀은 예언 되어져 있었습니다. 다시 말씀을 드리자면 하나님의 뜻이 차자인 야곱에게 있다는 말입니다.

그런데 말입니다.

장자의 세상적인 명분은 누가 가지고 있습니까?

세상 사람들에게는 누가 장자로 인정되고 있나요? 〈에서〉입니다.

그래서 야곱이 하나님의 예언의 말씀을 따라서 아비의 축복기도를 받기에는 무언가 부족합니다. 야곱이 진정 하나님 앞에서 장자

의 권리와 세상 사람들에게도 장자로서의 권리를 행사하려면 장
자의 명분까지 취하는 팥죽 한 그릇의 사건은 반드시 필요합니다.

이 사건을 통하여 야곱은 **하나님 앞에서** 와 **사람 앞에서** 명실공
히 장자로서의 권리를 거머쥐게 됩니다. 이제 야곱은 팥죽 한 그릇
의 사건을 통하여 하나님 앞에서는 영적 장자이며, 사람들 앞에서
도 장자의 명분까지 부여잡은 완전한 장자가 되었습니다.

보세요,
우리는 이미 믿음으로 예수 그리스도를 우리 마음에 영접함으로
그리스도 안에서 구원받은 자요, 하나님의 백성입니다. 그렇다면
우리가 굳이 '나는 예수 그리스도를 구세주로 영접한 그리스도인이
다.'라고 세상 사람들 앞에서 선포할 필요가 있을까요?

예, 있습니다.
그리고 반드시 필요합니다. 반드시 그래야만 합니다.

> 누구든지 사람 앞에서 나를 시인하면 나도 하늘에 계신 내
> 아버지 앞에서 저를 시인할 것이요 누구든지 사람 앞에서 나
> 를 부인하면 나도 하늘에 계신 내 아버지 앞에서 저를 부인
> 하리라 (마태복음 10:32-33)

하나님 안에서 영적 장자인 야곱이 이제는 팥죽 한 그릇 사건을 통하여 사람들 앞에서도 세상을 향하여서도 당당하게 장자의 권리를 주장하게 된 것입니다.

마태복음 1장에는 예수님의 계보가 기록되어 있습니다.
1장 5절에 기록되기를

"살몬은 라합에게서 보아스를 낳고 보아스는 룻에게서 오벳을 낳고 오벳은 이새를 낳고..."라 했습니다.

여기서 보아스와 룻에 대하여 살펴보면서 뭇사람 앞에서 권리를 산다는 것이 얼마나 중요한 가를 말씀드리겠습니다.

이방 여인이었던 룻은 시어머니 나오미를 따라 고향인 모압을 떠나 베들레헴으로 돌아와 살게 됩니다. 나에게는 너를 위하여 대를 잇게 할 남편 될 사람이 없으니 나를 따라 타향에 가서 살려하지 말고, 나를 떠나 너의 고향으로 가서 살라는 시어머니의 만류에도 불구하고 룻은 끝까지 시어머니를 따라와 베들레헴에 와서 살게 됩니다.

나오미의 간곡한 말류에도 룻은 "나로 어머니를 떠나며 어머니를 따르지 말고 돌아가라 강권하지 마옵소서 어머니께서 가시는 곳에 나도 가고 어머니께서 유숙하시는 곳에서 나도 유숙하겠나이다 어머니의 백성이 나의 백성이 되고 어머니의 하나님이 나의 하나님이 되시리니 어머니께서 죽으시는 곳에서 나도 죽어 거기 장사될 것이라 만일 내가 죽는 일 외에 어머니와 떠나면 여호와께서 내게 벌을 내리시고 더 내리시기를 원하나이다.” 하여 결국 나오미는 룻과 함께 고향으로 돌아옵니다.

룻의 확고한 신앙과 성실한 삶의 모습과 시어머니를 섬기는 효성에 반하여 당시의 유력한 보아스가 룻을 아내로 맞이하고 싶어 합니다. 그러나 그에게는 룻을 아내로 맞이하여 나오미에게 대를 이어줄 확고한 권리가 주어지지 않았습니다. 나오미에게는 보아스 보다 더욱 가까운 친척이 있기 때문입니다.

어느날 보아스가 성문에 앉아 있을 때에 기업을 상속을 받을 권리를 소유한 자가 지나갑니다.

보아스가 그를 불러 세워 놓고 “나오미가 우리 형제 엘리멜렉의 소유지를 팔려하니 네가 여기 앉아 있는 사람들과 백성의 장로들 앞에서 그 소유지를 사라. 그리고 아울러 나오미의 며느리 룻을 아내로 맞이하여 그 집의 대를 이어야 할지니라.” 하고 말합니다. 기업을 상속받을 자, 권리를 가진 자가 이를 거절하므로 “네 다음은 나인데, 그 외에는 기업을 상속받을 자가 없느니라.”하여 이제는 자신에게 기업의 상속을 받을 권리가 주어졌음을 모든 사람들 앞에서 선포합니다.

후에 보아스는 룻을 아내로 맞이하여 자녀를 낳아 죽은 자의 대를 이어줍니다. 이로 인하여 예수님의 거룩한 족보를 이어갑니다.

야곱은 보아스처럼 이삭의 계보를 이을 장자의 권리를 산 것입니다. 이로써 하늘의 축복을 거머쥔 것입니다. 아버지 이삭에게서 떳떳하게 축복기도를 받고, 나아가 모든 사람 앞에서 당당하게 장자의 권리를 주장 한 것입니다.

영적 축복의 권리를 사십시오. 결코 놓치지 마십시오.
팥죽 한 그릇이 아니라, 그 어떤 것을 희생하며, 포기하여서라도 하늘의 축복을 받는 권리를 사십시오. 이를 위하여 호시탐탐 노리십시오. 그리고 반드시 성공하시기 바랍니다.

"천국은 마치 밭에 감추인 보화와 같으니 사람이 이를 발견
한 후 숨겨 두고 기뻐하여 돌아가서 자기의 소유를 다 팔아
그 밭을 샀느니라." (마태복음 13:44)

야곱은 팥죽 한 그릇 사건을 통하여 모든 사람 앞에서 "장자의 권리가 이제는 내게 있습니다." 라고 외칠 수 있게 됩니다. 바로 이 팥죽 한 그릇의 사건이야말로 야곱이 세상을 향하여 당당하게 "내가 장자입니다, 내게는 아비의 축복기도를 받을 권리가 있습니다."라고 말할 수 있게 됩니다.

팥죽 사건은 그저 우연히 이루어진 일도 아니고, 어쩌다가 발생된 일도 아닙니다. 이 팥죽 한 그릇의 사건 속에는 하나님의 섭리와 계획하심과 하나님의 인도하심이 함께 한 것입니다. 에서는 장자의 명분을 가질 자격이 없는 자입니다. 에서는 장자의 명분을 가벼이 여기고, 무가치 한 것으로 여겼습니다.

하나님은 이러한 에서에게서 장자의 권리를 빼앗아 야곱에게 주신 것입니다. 그러기에 팥죽 한 그릇의 사건은 하나님의 섭리입니다. 야곱의 마음의 소원을 이루게 하시는 하나님의 인도하심이 함께 한 것입니다.

보세요!
하나님의 축복을 힘으로 쳐서 빼앗아 가질 수 있나요?
거짓으로 속여 남의 소유를 빼앗아 가질 수 있는 것이 하늘의 축복인가요? 야곱이 형의 것을 거짓으로 속여, 심지어 아버지까지 속여 빼앗아 가진 것이라 생각하시나요? 아닙니다. 결코 그럴 수 없습니다.
하나님의 축복은 결코 사기쳐서, 남의 것을 도적질하여 가질 수 있는 것이 아닙니다.

사실이 그럴진대 결론은 자명합니다. 야곱은 거짓으로 사기를 쳐서, 장자가 받을 축복기도를 빼앗아 받은 것이 아닙니다. 하나님의 섭리 속에서 하나님 앞과 사람 앞에서 장자로서 떳떳하고 당당하게 축복기도를 받은 것입니다.

스스로 던져버린 장자권

들 사람이 되어 하루 종일 짐승의 뒤만 쫓아 다니다가 모든 기력이 소진되어 집에 돌아온 에서는 야곱이 쑤는 팥죽을 보고 한 그릇의 팥죽을 구합니다.

> "내가 피곤하니 그 붉은 것을 나로 먹게하라!"
> "그렇다면 형의 장자의 명분을 오늘 내게 팔라."
> "내가 죽게 되었으니 이 장자의 명분이 내게 무엇이 유익하겠는가?"
> "그렇게 여긴다면 이제 맹세하고 장자의 명분을 내게 팔라."

결국 에서는 야곱에게 장자의 명분을 거침없이, 망설임 없이 넘기게 됩니다. 야곱이 장자의 명분을 형 에서에게서 빼앗은 것이 아닙니다. 에서가 스스로 장자의 명분에 대하여 아무런 유익이 없는, 가치 없는 것으로 여겼기에 한 끼의 팥죽에 거침없이 야곱에게 넘긴 것입니다.

우리는 쉽게 에서가 야곱에게서 붉은 것 팥죽은 받아먹었기에 에돔이라고 하는 별명을 얻었다고 생각하게 됩니다. 그러나 잠시 멈춰 생각해보면 에서가 에돔이라는 별명이 붙여질 정도로 붉은 것에 마음을 빼앗기고, 심취하여 있었다는 뉘앙스를 풍기는 말씀입니다. 그러기에 붉은 것을 취하기 위하여서는 심지어 장자의 명분까지도 가벼이 여길 정도로 붉은 것에 심취하여 있었다는 이야기입니다.

우리가 세상 것〈붉은 것〉에 마음을 빼앗기면 장자의 명분〈하늘의 것〉을 가볍게 여기게 되고 결국에는 세상을 향하여 떠나가게 됩니다.

세상 것에 마음 빼앗기지 말고, 하늘의 것에 마음을 두시기 바랍니다.

당신은 무엇 때문에 피곤합니까?
무엇에 마음을 빼앗기고 있습니까?

세상 일〈들〉에 너무 피곤하다 보면 주의 일〈장막〉에 힘을 쓸 수가 없다. 주중에 세상일에 기력을 다 쏟아 버려 정작 교회에 와서는 아! 내가 곤비하도다. 그러니 주의 일을 행할 여력이 남아있지를 않아! 라고 말합니다.

나는 무엇 때문에 피곤할까요?

여기 믿음의 사람들, 하나님의 사람들, 장막의 사람들의 고백이 있습니다.

"나의 영혼이 주의 구원을 사모하기에 피곤하오나 나는 오히려 주의 말씀을 바라나이다." (시 119:81)

"내 눈이 주의 구원과 주의 의로운 말씀을 사모하기에 피곤하니이다." (시 119:123)

에서는 들 [광야]사람이요, 야곱은 장막의 사람이라 했습니다.
에서는 세상에서 산자요, 하나님 앞에서는 죽은 자이며, 야곱은 세상에서 죽은 자요, 그리스도 안에서, 하나님 안에 산 자입니다.

에서는 땅의 것을 찾자 뒤쫓아 다니는 자요, 하늘의 것, 장자의 명분을 가벼히 여겼습니다. 야곱은 하늘의 것을 구하는 자입니다. 장자의 명분을 세상 그 어느 것보다 귀하게 여겼습니다.

사도인 바울은 이렇게 머든 그리스도인들을 향하여 다음과 같이 권고합니다.

"그러므로 너희가 그리스도와 함께 다시 살리심을 받았으면 위엣 것을 찾으라 거기는 그리스도께서 하나님 우편에 앉아

계시느니라 위엣 것을 생각하고 땅엣 것을 생각지 말라 이는 너희가 죽었고 너희 생명이 그리스도와 함께 하나님 안에 감취었음이니라." (골로새서 3:1-4)

야곱처럼, 하나님의 것, 하늘의 속한 것, 신령한 것을 뜨겁게 사모하시기 바랍니다. 세상의 것〈팥죽〉을 포기하고 하늘의 것〈장자의 명분〉을 사고자 하는 열망으로 충만하기 바랍니다.

야곱을 향한
이삭의 축복기도

야곱을 향한 이삭의 축복기도는
야곱의 사건도 아니고 이삭의 사건도 아닌
하나님의 사건으로서의 축복기도였습니다.
야곱을 위한 이삭의 축복기도는
어머니 리브가의 작품으로 야곱은 오직 순종을 통하여
놀라운 축복을 받았습니다.
결코 야곱의 잔꾀로.
속이는 일로서 이 일이 이루어진 것이 아닙니다.

제4장
야곱을 향한
이삭의 축복기도

야곱은 아비 이삭으로부터 집안의 장자가 받을 축복을 받아 "하늘의 복과 땅을 복"을 거머쥐게 됩니다. 이 일로 인하여 야곱은 아비를 속이고, 형을 속이고 간교하게 형 에서가 받을 "축복"을 도적질 하였다고 욕을 먹습니다만은 이 사건을 바로 보게 된다면 야곱에 대한 오해가 풀릴 것입니다.

먼저 반드시 알아야 할 것이 있습니다.
먼저 우리 눈이 보아야 할 것은 이 사건 가운데서 일하시는 하나님의 섭리와 역사하심을 보라는 것입니다.
야곱을 향한 이삭의 축복기도는 야곱의 사건도 아니고 이삭의 사건도 아닌 하나님의 사건으로서의 <u>축복기도 였다는</u> 것입니다.

그 이유에 대하여 이제 말씀을 드리고자 합니다.
요한복음 9장에 보면 다음과 같은 사건이 기록되어 있습니다.

어느날 예수께서 제자들과 함께 길을 길 가실 때에 날 때부터 소 경 된 사람을 보게 되었습니다. 이를 본 제자들이 물었습니다.

"선생님, 이 사람이 소경으로 난 것이 뉘 죄로 인함이오니이까?

자기의 죄 때문입니까? 아니면 그의 부모의 죄 때문입니까?"

예수께서 대답하시기를 "이 사람이 소경으로 태어난 것은 이 사 람이나 그 부모가 죄를 범한 것이 아니라 그에게서 하나님의 하시 는 일을 나타내고자 하심이니라."하시었습니다.

이 사건을 통하여 우리는 무엇을 알아야 할까요?

흔히 우리는 어떤 일에 대하여 먼저 죄을 묻고, 선악을 따지기 쉽 습니다. 그리고 누구의 잘못인가를 추궁합니다. 그러나 예수님을 선악을 따지기 앞서 그 사건 속에서 역사하시는 하나님의 일을 살 펴야 한다는 것입니다.

하나님의 사건

야곱을 향한 이삭의 축복기도는 하나님의 하시고자 하는 일은 나 타낸 사건입니다. 이 사건은 야곱의 사건이 아니라, 하나님의 사건 으로 보아야만 합니다. 사실 이삭은 누구에게 축복하여 주고자 하 였나요? 장자 에서에게 축복기도 하고자 하였습니다.

야곱이 아닌 장자인 에서에게 축복 기도하고자 조용하게 에서를 불러 이르기를 나를 위하여 들에 나아가 짐승을 잡아 별미를 만들어 오라 내가 너를 축복하리라 한 것입니다.

이삭이 에서에게 축복하고자 하는 기도 내용이 이렇습니다.

> 하나님은 하늘의 이슬과 땅의 기름짐이며 풍성한 곡식과 포
> 도주로 네게 주시기를 원하노라 만민이 너를 섬기고 열국
> 이 네게 굴복하리니 네가 형제들의 주가 되고 네 어미의 아
> 들들이 네게 굴복하며 네게 저주하는 자는 저주를 받고 네
> 게 축복하는 자는 복을 받기를 원하노라 (창세기 27:28-29)

이상과 같은 이삭의 축복기도는 하늘의 복과 땅의 기름짐의 복,
그리고 만인의 주가 되어 섬김을 받는 복과 나아가서 저주하는 자
는 저주를 받고 축복하는 자는 축복을 받는 엄청난 복의 자리인 것
입니다.

이삭을 향한 하나님의 은총

만일에 이삭의 이러한 축복기도가 에서에게 행하여졌다면 어떤
일이 일어날까요?

생각만 해도 끔찍한 일입니다.
이유는 이삭이 하나님을 향하여 정면으로 대적하는 자가 되기 때

문입니다. 하나님은 작은 자, 야곱이 섬김을 받는 자가 되리라 예언하시었는데반하여 이삭은 에서가 섬김을 받는 자가 되기를 원하노라 축복합니다. 하나님은 에서의 산들을 황폐하게 하시었고, 에서의 산업을 광야의 시랑에게 넘겼고, 에서가 쌓는 것마다 서지 못하게 헐어 버리리라 하시었으며, 에서와 그의 후손들까지 영원한 진노의 백성이라 하시었습니다. 이에 반하여 이삭은 에서에게 하늘의 이슬과 땅의 기름짐이며 풍성한 곡식과 포도주가 넘치기를 축복 기도합니다. 하나님은 야곱을 축복하시고 반면에 에서는 철저하게 저주하시었는데 이삭의 기도대로 라면 이삭을 저주하신 하나님의 계획과 섭리하심이 잘못 됐다는 결과를 초래하게 된다는 말입니다.

이것이야말로 하나님의 예언하신 말씀과 하나님의 섭리와 계획하심과는 역행하는 일이 됩니다. 이삭이 실제로 이러한 축복기도를 에서에게 하였다면 정말로 큰일이 날뻔하였습니다. 에서만이 아니라, 이삭까지 하나님의 저주의 대상이 될 뻔하였습니다.

옳습니다.
이렇게 된 것, 즉 이삭이 야곱에게 축복기도를 하게 된 것은 이삭을 향하신 하나님의 은총이었습니다. 그러하기에 이삭의 축복기도 사건은 야곱의 사건이 아닙니다. 하나님의 사건입니다. 하나님이 이 사건에 친히 개입하시어 하나님께서 축복의 물줄기를 야곱에게로 돌리신 사건입니다.

이스라엘 자손들이 하나님의 인도하심을 받고 가나안을 향하여 진행하고 있을 때입니다. 이제 그들은 요단강 건너 여리고성이 바라보이는 모압 평지에 도착하여 그 곳에 진을 쳤습니다. 당시에 모압왕은 십볼의 아들 발락이었습니다. 발락은 이스라엘 자손들이 진행중에 아모리인들을 쳐서 물리친 소식을 들었습니다. 당시에 아모리왕 시혼은 주위의 나라를 평정하고 대단한 세력을 가지고 있을 때입니다.

이스라엘 자손들이 아모리 왕 시혼에게 사자를 보내어 "우리로 당신의 땅을 통과하게 하소서 우리가 밭에든지 포도원에든지 들어가지 아니하며 우물 물도 공히 마시지 아니하고 우리가 당신의 지경에서 다 나가기까지 왕의 대로로만 통행하리이다." 하고 간청하였으나 아모리왕 시혼은 자기 지경을 이스라엘이 통과함을 용납하지 아니하고 그 백성을 다 모아 이스라엘을 치러왔습니다. 이 전쟁에서 이스라엘이 승리하였습니다.

이 승리의 소식으로 인하여 모압 왕 발락은 이스라엘을 두려워하게 되었습니다. 고민 끝에 아직 이스라엘이 멀리 있을 때에, 이스라엘을 저주하기 위하여 십볼의 아들 발람 선지자에게 사신을 보냅니다.

보라 한 민족이 애굽에서 나왔는데 그들이 지면에 덮여서 우리 맞은편에 거하였고 우리보다 강하니 청컨대 와서 나를 위하여 이 백성을 저주하라 내가 혹 쳐서 이기어 이 땅에서 몰아내리라 그대가 복을 비는 자는 복을 받고 저주하는 자는 저주를 받을 줄을 내가 앎이니라

발람은 모압 왕 발락의 사주를 받아 이스라엘 백성을 저주하라는 부탁을 받고, 처음에는 하나님의 뜻을 전하면서 나는 하나님의 백성인 이스라엘을 저주할 수 없노라하여 사신들을 돌려 보냅니다. 그러나 후에 사신들이 높은 벼슬과 더욱 많은 뇌물을 들고 찾아오니 이에 현혹된 발람이 그들을 따라갑니다. 이스라엘을 저주하기 위하여 말입니다.

그러나 현장에 도착한 발람의 이렇게 노래합니다.

"발락이 나를 아람에서, 모압 왕이 동편 산에서 나를 데려다가 이르기를 와서 야곱을 저주하라, 와서 이스라엘을 꾸짖으라 하는구나 그러나 하나님이 저주치 않으신 자를 내 어찌 저주하며 여호와께서 꾸짖지 않으신 자를 내 어찌 꾸짖을꼬?" (민수기 23:7-8)

이어서 말하기를

"발락이여 일어나 들을지어다. 십볼의 아들이여 나를 자세히 들으라 하나님은 인생이 아니시니 식언치 않으시고 인자가 아니시니 후회가 없으시도다 어찌 그 말씀하신 바를 행치 않으시며 하신 말씀을 실행치 않으시랴 내가 축복의 명을 받았으니 그가 하신 축복을 내가 돌이킬 수 없도다." (민수기 23:18-20)

발람선지자의 결론은 이렇습니다.
"하나님이 하신 축복을 내가 돌이킬 수 없다"

그렇습니다.
하나님이 야곱을 축복하시고 에서를 저주하시었는데 누가 이를 돌이킬 수 있나요? 하나님이 축복하신 자를 누가 있어 저주할 것이며, 하나님의 저주를 누가 막으리요!

보세요.
야곱에게는 하나님의 축복이 예언되어 있습니다. 이 축복을 막을 자 없고, 빼앗을 자가 없습니다. 에서에게는 하나님의 저주가 예언되어 있습니다. 이 저주를 돌이킬 자 또한 없습니다.

발람의 행위를 성경은 이렇게 결론짓습니다.
비록 이스라엘을 저주하지는 않았으나 뇌물에 유혹되어 끌려가 이스라엘을 저주하려 시도하였던 발람에 대하여 "화가 있으리라." 하십니다.

정말 큰 일 날뻔하였습니다.

이삭이 계획한 대로 장자인 에서에게 축복하였더라면 큰 일 날뻔하였습니다. 육신적으로 에서가 장자였습니다. 그뿐아니라 이삭은 인간적으로 에서를 사랑하였고, 에서의 별미를 좋아하여 에서에게 축복하려 하였습니다. 이삭이 만약 인간적인 본능으로, 그의 장자인 에서에게 축복 기도하여 주었다면 하나님을 대적하는 자가 될 뻔하였습니다. 하마터면 이삭이 발람의 길과 같이 하나님의 저주의 길에 들어 설 뻔하였습니다.

하나님은 이삭에게 은혜를 베푸시어 그 길을 막아 야곱에게 축복하도록 인도하신 것입니다.

이삭이 장자 에서가 아닌 차자 야곱에게 축복기도를 하게 된 것은 "눈이 어두워 잘 보지 못함"도 한 이유가 됩니다. 역설적으로 이것도 하나님의 어떠한 섭리하심에서 기인되었다는 말입니다.

이삭의 눈이 어두어지게 된 것이 그의 가정사에 관한 하나님의 또 다른 섭리요 은총이었다는 사실을 우리는 깊이 생각해 보아야 될 것입니다.

만일 이삭이 육적 밝은 눈으로 볼 수 있었다면 그 밝은 눈으로 에서를 정확하게 확인하고 축복기도를 하였다면 큰 일이 날 뻔하였습니다. 하나님을 대적하는 자가 될 뻔하였습니다.

그러기에 때로는 나의 약함이 하나님의 은총임에 감사할 수 있는 신앙인이 되어지시기를 바랍니다. 부족함이 있기에 자랑하지 않게 되고, 연약함에 있기에 교만하지 않을 수 있습니다. 우리들의 약함과 부족함을 원망거리가 아닌 감사거리로 만들 수 있는 자가 되시기를 바랍니다. 이것은 은혜의 사람들이 소유하여야 할 필수적인 신앙의 한 요소입니다.

은혜의 사람, 바울은 이렇게 고백합니다.

여러 계시를 받은 것이 지극히 크므로 너무 자고하지 않게 하시려고 내 육체에 가시 곧 사단의 사자를 주셨으니 이는 나를 쳐서 너무 자고하지 않게 하심이니라 이것이 내게서 떠나기 위하여 내가 세번 주께 간구하였더니 내게 이르시기를 내 은혜가 네게 족하도다 이는 내 능력이 약한 데서 온전하여짐이라 하신지라 이러므로 도리어 크게 기뻐함으로 나의 여러 약한 것들에 대하여 자랑하리니 이는 그리스도의 능력으로 내게 머물게 하려함이라 그러므로 내가 그리스도를 위하여 약한 것들과 능욕과 궁핍과 핍박과 곤란을 기

뻐하노니 이는 내가 약할 그 때에 곧 강함이니라 (고린도후서 12:7-10)

이삭의 약함〈눈이 어두워 잘 보지 못함〉이 도리어 복이 되었습니다.

이는 <u>그의 약함이 하나님의 뜻을 이루는 도구로</u> 쓰임을 받았기 때문입니다.

결과적으로 축복기도는 야곱이 받았습니다.

이 일에 하나님이 친히 개입하시어 이삭에게 은총을 더하사 야곱에게 축복기도를 돌리신 것입니다.

하나님이 친히 여러분의 삶에, 가정에, 사업에, 자녀에 개입하시는 은혜가 있기를 바랍니다. 이 길이 내가 살고, 내 가정이 살고, 내 산업이 복을 받는 길입니다.

비록 내가 계획하는 것과는 전혀 다른 길이라도, 내가 생각하는 것과는 완전히 다른 것이라도, 내가 가고자 하는 길과는 완전히 다른 길이 된다 하여도 하나님께서 내 일에 개입하시어 주의 길로 인도하시기를 바랍니다. 우리는, 각자의 가정에, 자녀의 일에, 사업에, 하나님이 친히 개입해 주시기를 기도하여야 할 것입니다. 이것이 내가 사는 길인 줄로 믿습니다. 비록 내가 원하는 길이 아닐지라도 말입니다.

♫ 하나님은 실수하지 않으신다네

내가 걷는 이 길이 혹 굽어 도는 수가 있어도 내 심장이 울렁이고 가슴 아파도 내 마음속으로 여전히 기뻐하는 까닭은 하나님은 실수하지 않으심 일세 내가 세운 계획이 혹 빗나갈지 모르며 나의 희망 덧없이 쓰러질 수 있지만 나 여전히 인도하시는 주님을 신뢰하는 까닭은 주께서 내가 가야 할 길을 잘 아심 일세

어두운 밤 어둠이 깊어 날이 다시는 밝지 않을 것 같아 보여도 내 신앙 부여잡고 주님께 모든 것 맡기리니 하나님을 내가 믿음 일세 지금은 내가 볼 수 없는 것 너무 많아서 너무 멀리 가물가물 어른거려도 운명이여 오라 나 두려워 아니하리 만사를 주님께 내어 맡기리

차츰차츰 안개는 걷히고 하나님 지으신 빛이 뚜렷이 보이리라가는 길이 온통 어둡게만 보여도 하나님은 실수하지 않으신다네

하나님의 섭리

야곱을 위한 이삭의 축복기도는, 하나님의 섭리하심이었습니다.

이 사건을 통하여 우리가 반드시 듣고 깨달아야 하는 것은 계획은 사람이 세우나 그 걸음을 인도하시는 분은 여호와시라는 것입니다.

잠언서에는 이와같은 말씀이 기록되어 있습니다.
"사람이 마음으로 자기의 길을 계획할지라도 그 걸음을 인도하는 자는 여호와시니라." 하였으며, "사람의 마음에는 많은 계획이 있어도 오직 여호와의 뜻만이 완전히 서리라." 하였습니다.

이삭은 장자인 에서에게 축복하려는 계획을 세웠으나 하나님은 그 걸음을 인도하시었고, 하나님의 뜻하신 대로 야곱에게 축복하도록 하셨습니다.
오직 하나님의 뜻은 완전히 서리라!
그렇습니다.
그러기에 이삭의 축복기도의 사건은 야곱의 사건이 아니라 하나님의 사건입니다. 하나님의 작품입니다. 에서는 저주의 사람입니다. 반하여 야곱은 하나님의 축복이 예언되어 있는 축복의 사람입니다. 저주의 자식인 에서를 축복하겠다고 이삭이 세운 계획을 하나님께서 친히 하나님의 뜻 안에서 돌려 놓으신 하나님의 작품입니다.

어머니 리브가의 작품

이삭의 야곱을 향한 축복기도의 사건은 야곱이 사건이 아니라,

엄밀히 말하면 그의 <u>어머니 리브가의 작품</u>입니다. 어머니 리브가가 만든 사건입니다. 야곱은 아버지 이삭이 에서를 불러 축복기도를 해 주겠다고 말한 것에 대하여 야곱은 전혀 몰랐습니다. 아비 이삭이 아들 에서를 불러 이르는 말을 어머니 리브가가 들었습니다. 그리고 야곱에게 알려줍니다. 그리고 야곱이 행할 일을 지시합니다. 이삭의 축복기도를 야곱으로 받게 하기 위하여 계획을 세우는 사람이 어머니 리브가입니다.

아비 이삭이 좋아하는 별미를 만든 사람도 어머니 리브가입니다. 털이 없이 매끈매끈한 야곱의 살결을 형 에서의 살결처럼 털이 많은 사람으로 꾸미기 위하여 염소 새끼의 털로 야곱의 손과 목의 매끈한 곳에 입혀준 것도 어머니 리브가입니다.

혹시 이것이 아버지를 속이는 자로 발견되면 복은 고사하고 저주를 받을까 두렵습니다 말하는 야곱에게 "아들아! 너의 저주는 내가 받으리니, 너는 내 말만 따르라."라고 야곱을 달래며 등을 떠밀다시피하여 이삭에게 보내는 사람이 어머니 리브가입니다.

야곱이 계획을 세우거나 능동적으로 행할 일이 전혀 없습니다. 형에서를 제치고 축복기도를 받아야 하겠다는 생각이 없었습니다. 아버지 이삭을 속일 생각은 언감생심 감히 엄두도 내지 못하였습니다. 이 모든 일이 어머니 리브가의 작품입니다.

그럼에도 불구하고 왜 야곱을 거짓말쟁이다, 사기꾼이다, 속이는 자다 라고 하며 욕을 들어야 하는지 모르겠습니다. 굳이 이 부분에서 아비 이삭을 속인 자가 누구냐 묻는다면 어머니 리브가이며, 결코 야곱이라 말할 수 없습니다. 이 부분에서 야곱이 아비 이삭을 속였다고 욕먹을 일이 아니라는 말입니다.

야곱과 어머니 리브가와의 대화를 들어 봅시다.

"어머니 이리해도 되겠나요?
내 형 에서는 털사람이요 나는 매끈매끈한 사람인즉
내 아버지께서 나를 만지실진대 내가 아버지께
속이는 자로 뵈일지라 복은 고사하고 저주를 받을까 하나
이다"

"내 아들아 너의 저주는 내게로 돌리리니
내 말만 좇고 가서 가져오라"

그래서 야곱은 어머니의 말씀을 순종하여 염소 떼에 가서 염소의 좋은 새끼를 잡아서 가져왔더니 어머니 리브가가 아버지 이삭을 위하여 별미를 만들어주며 염소 털로 야곱의 매끈한 부분을 감싸주면서 너는 이 별미를 가져다가 아버지에게 드리고 네가 축복기도를 받으라고 말씀하십니다.

보세요! 그리고 깊이 생각해 보세요.

이 부분에서 야곱의 죄를 묻는다면 "순종의 죄"일 것입니다.

야곱이 거짓으로 아버지 이삭을 속인 것이 아님을 알아야 할 것입니다.

이 사건에서 우리가 진정 알아야 하는 것은 이것입니다.

이삭은 하나님의 모형이요, 리브가는 우리를 위하여 저주를 대신받으사 십자가 지신 예수님의 표상이며, 야곱은 이스라엘, 하나님의 백성, 구원 얻은 성도들의 표상이라는 것입니다.

성경은 분명하게 가르칩니다. 순종이 제사보다 낫다 하였습니다.

야곱은 순종의 사람입니다. 야곱은 어머니 리브가의 말을 듣고 순종함으로 아비 이삭의 축복기도를 받은 것입니다.

변화산상에서의 있었던 일입니다.

예수님의 영광스러운 모습으로 변형되시어 그 얼굴이 해같이 빛나며 옷이 빛과 같이 희어졌으며, 모세와 엘리야가 예수와 함께 말하는 것이 제자들의 눈에 보이거늘, 이를 본 베드로가 예수님의 발앞에 엎드려 하는 말이 "주여 우리가 여기 있는 것이 좋사오니 주께서 만일 원하시면 내가 여기서 초막 셋을 짓되 하나는 주를 위하여, 하나는 모세를 위하여, 하나는 엘리야를 위하여 하리이다." 이 때에 홀연히 빛난 구름이 저희를 덮으며 구름 속에서 소리가 나서 이르기를 "이는 내 사랑하는 아들이요 내 기뻐하는 자니 너희는 저의 말을 들으라." 하는지라 제자들이 듣고 엎드리어 심히 두려워하니 예수께서 나아와 저희에게 손을 대시며 이르시기를 "일어나라 두려워 말라."하시는지라 제자들이 눈을 들고 보니 오직 예수 외에는 아무도 보이지 아니하였습니다.

여기서 우리가 가슴에 반드시 새겨야 할 하늘의 음성은 이것입니다.

"이는 내 사랑하는 아들이요, 내 기뻐하는 자니 너희는 그의 말을 들으라."입니다. 그리스도인으로서 가장 중요한 일은 "예수님의 말씀을 듣고 순종하는 것"입니다.

우리 주가 되시는 예수님께서도 순종의 종으로서 하나님의 뜻을 이루고 구원을 이루시었습니다. 히브리서에서는 "그가 아들이시라도 받으신 고난으로 순종함을 배워서 온전하게 되었은즉 자기를 순종하는 모든 자에게 영원한 구원의 근원이 되시고..." 하였습니다.

예수 그리스도는 순종은 통하여 하나님 앞에 온전함을 이루시었고, 이로 인하여 이제는 자기에게 순종하는 모든 자에게 영원한 구원의 근원이 되신다고 하였습니다. 예수님께서 오직 순종을 통하여 하나님 앞에 온전함을 이루고 자기에게 순종하는 모든 자에게 구원의 근원이 되신 것처럼, 야곱 역시 순종을 통하여 하나님 앞에 온전함을 이루고, 언약된 축복기도를 받은 것입니다.

　기억하시기 바랍니다. 그리고 잊지 마시기 바랍니다.
　이삭의 야곱을 향한 축복기도 사건은 야곱이 속이는 자로서, 간교한 자로, 사기꾼으로 욕을 먹을 일이 결코 아닐 것입니다. 오직 순종의 사람, 야곱을 기억하시기를 바랍니다. 우리도 야곱처럼 순종을 배워 하늘의 축복을 받아야 하겠습니다.

　이제 야곱은 어머니가 만들어 준 별미를 들고 아비 이삭 앞에 섰습니다.

　"내 아버지여!"
　"내 아들아 네가 누구냐?"
　"예 아버지의 맏아들 에서입니다.
　아버지께서 내게 명하신대로 내가 하였사오니
　 일어나 앉아서 내가 사냥한 고기를 잡수시고 아버지 마음껏 내게 축복하소서."
　"아들아, 어떻게 이같이 속히 잡았느냐?"
　"아버지의 하나님 여호와께서 나로 순조롭게 만나게 하셨나이다."

이에 이삭은 야곱을 가까이 불러 만져보았으나 야곱이 형 에서와

같이 털이 있으므로 능히 분별하지 못하고 축복하게 됩니다.

"네가 참으로 내 아들 에서냐?"
"예, 그렇습니다."

여기서 야곱은 아비 이삭의 물음에 이같이 대답합니다.
"예 아버지, 제가 아버지의 축복기도를 받기에 합당한 장자니이
다."라고 대답한 것입니다.

야곱의 대답은 결코 잘못된 대답이 아닙니다. 거짓이 아닙니다.
야곱은 하나님 앞에서, 사람 앞에서 축복기도를 받기에 합당한
자로 인정이 된 것입니다. 야곱이 아비 이삭을 속인 것이 아닙니다.
이삭은 야곱의 대답을 듣고 음성은 야곱의 음성이나 손은 에서의
손이로다 하면서 야곱에게 축복기도를 합니다.

예를 들어 말씀을 드린다면 우리가 하나님의 심판대 앞에 설 때
에 "너는 축복받을 의인인가? 아니면 저주받을 죄인인가"라고 묻
는다면 어찌 대답하시겠습니까?
"예 저는 축복받을 의인입니다."라고 대답하시어야만 합니다.
이렇게 대답하면 우리가 하나님 아버지 앞에 거짓을 고한 것일
까요?

아닙니다. 진실을 말한 것입니다.

왜냐구요?

이미 십자가 위에서 예수님께서 우리의 모든 죄와 허물을 모두 짊어지시고 피 흘려 목숨 버려 우리를 구속하시었습니다. 이제 우리는 예수 그리스도 안에서 의인됨의 은총을 입은 것입니다.

"그런즉 이 일에 대하여 우리가 무슨 말 하리요 만일 하나님이 우리를 위하시면 누가 우리를 대적하리요 자기 아들을 아끼지 아니하시고 우리 모든 사람을 위하여 내어주신 이가 어찌 그 아들과 함께 모든 것을 우리에게 은사로 주지 아니하시겠느뇨 누가 능히 하나님의 택하신 자들을 송사하리요 의롭다 하신 이는 하나님이시니 누가 정죄하리요 죽으실 뿐 아니라 다시 살아나신 이는 그리스도 예수시니 그는 하나님 우편에 계신 자요 우리를 위하여 간구하시는 자시니라." (로마서 8:31-34)

누가 능히 축복의 사람으로 택함을 입은 야곱을 송사하나요?

누가 능히 순종의 사람으로 하나님 앞에 의롭다함을 입은 야곱을 정죄하나요? 하나님 말씀대로 예정된 축복기도를 받은 야곱이 왜 욕을 먹어야 하나요? 의롭다 하시는 이는 하나님이신데 말입니다.

그렇습니다. 우리가 여기서 야곱이 아버지를 속였다고 본다면 큰 잘못입니다.

이제 모든 그리스도인들은 하나님 아버지 앞에 설 때에 주님의 십자가의 보혈을 힘입어 당당히 서야 할 것입니다.

우리의 피난처 되시는 예수님

이삭의 야곱을 향한 축복기도가 모두 마친 후, 얼마 지나지 않아 에서가 들에 나아가 짐승을 잡아 어깨에 메고 와서 정성껏 별미를 만들어 아비 이삭 앞으로 가져옵니다.

"아버지, 일어나시어서 아들이 사냥한 고기를 잡수시고 마음껏 내게 축복하소서."

"너는 도대체 누구더냐?"

"저는 아버지의 아들 곧 아버지의 맏 아들 에서입니다."

"진정 그렇다면 조금 전 사냥한 고기를 내게 가져온 자가 누구냐? 네가 오기 전에 내가 다 먹고 그를 위하여 축복하였은즉 그가 반드시 복을 받을 것 이니라."

이 말을 들은 에서는 주저앉아 소리내어 울면서

"아버지, 내게 축복하소서. 내게도 그리하소서." 하며 통곡합니다.

아비 이삭이 에서를 달래며 하는 말이

"네 아우가 와서 속여 네 복을 빼앗았도다."

"그래요 아버지, 그의 이름이 야곱이라 함이 합당하지 아니하니이까? 그가 나를 속임이 이번이 두 번째이니이다. 전에는 나의 장자 명분을 빼앗고, 이제는 내 복을 빼앗았나이다."라고 말하며 통곡하며 울부짖습니다.

사실 에서의 말, 야곱은 속여 빼앗는 자라고 하는 말은 결코 합당하지 않습니다. 에서는 장자의 명분을 가볍게 여기고, 무익하게 여기며, 팥죽 한 그릇의 가치에도 미치지 못하게 여겼기에 스스로 장자의 명분을 포기한 것이지 결코 야곱이 속여 빼앗은 것이 아닙니다.

야곱이라는 이름이 속여 빼앗는 자라고 하는 말은 에서의 말에 불과 합니다. 하나님의 뜻에 합당한 말은 아닙니다.

우리가 왜 세상 말에 귀를 기울이어야 합니까?
왜 에서가 야곱에 대하여 판단하는 판단을 내 것으로 받아들여 나도 또한 야곱을 "거짓으로 속여 빼앗는 자"로 여기는 것입니까? 세상의 판단을 내 것으로 받아들이는 어리석음에서 벗어나야 합니다.

야곱은 하나님 앞과 사람 앞에서 당당하게 장자로서 아비 이삭의 축복기도를 받은 것입니다. 이것은 불의한 행위가 아니었습니다. 이삭의 야곱에 대한 축복기도는 하나님의 언약의 말씀에 합당한 축복기도였습니다.

아무것도 아비로부터 축복받을 수 없는 것을 알게 된 에서는 야곱을 미워하여 종내에는 야곱을 죽이기로 결심합니다.
가인과 아벨의 역사가 생각납니다.
형 가인이 동생 아벨을 미워하게 된 것은 아벨의 불의함 때문이 아닙니다.도리어 아벨의 의로움 때문에 가인으로부터 미움을 받습니다.
아벨이 하나님께 인정받고, 그의 제사가 하나님께 열납 되며, 하나님께 사랑받는 아벨이기에 가인의 미움을 받게 되고, 결국에는 가인의 손에 죽임을 당합니다.

야곱 역시 하나님의 사랑받는 자이기에 에서의 미움을 받고 살해 위협을 받는 것입니다. 야곱이 순전한 자요, 완전한 자요, 경건한 심성의 소유자이기에 미움을 받습니다. 야곱이 자기가 받을 아비 이삭의 축복기도를 자신을 속이고, 아비까지 속이면서 간교하게 자신이 받을 축복을 속여 빼앗았다고 에서는 생각하게 됩니다. 에서는 야곱을 미워하여 살해할 결심을 하게 됩니다. 이 사실을 야곱은 까맣게 모르고 있었으나, 어머니 리브가가 알고 야곱을 피신시킵니다.

에서가 야곱을 죽이리라 하고 생각한 것을 아무에게도 알리지 않았습니다. 아버지, 어머니, 친척, 친구, 알고 지내는 이웃, 어느 누구에게도 말하지 않고, 알리지 않았습니다. 오직 혼자 마음에 결심하고, 자신의 심중에 새긴 생각이었습니다.

그런데 보세요!

성경 말씀을 통하여 보면 아들 에서의 심중의 말이 리브가의 귀에 들렸습니다. 리브가는 큰 아들 에서의 심중의 생각을 알고 있습니다.

리브가는 에서의 심중의 생각을 알고, 에서의 심중에 이르는 말을 듣습니다. 이로인하여 야곱을 에서의 손에서 구원하여 냅니다. 또한 야곱을 자신의 오라버니 라반이 살고 있는 하란으로 피신을 하도록 보냅니다. 리브가는 야곱의 피난처까지 준비하여 줍니다.

사람들의 마음의 중심을 아시는 분이 계십니다.

그 분은 예수님이십니다.

앞서 리브가는 예수님의 표상이라고 말씀을 드린 바 있습니다.

예수님께서 우리들의 중심을 아시며, 심중의 생각을 아시는 것처럼, 리브가는 에서의 생각을 알고 마음의 결심을 읽고 야곱을 피신시킵니다. 모두가 어머니 리브가의 작품입니다.

♫ 피난처 있으니 환란을 당한 자 이리오라

땅들이 변하고 물결이 일어나 산 위에 넘치되 두렵잖네

높으신 하나님 우리를 구하니 할렐루야

괴롬이 심하고 환란이 극하나 피난처 되시는 주 하나님 ♫

　야곱을 위한 이삭의 축복기도는 어머니 리브가의 작품으로 야곱
은 오직 순종을 통하여 놀라운 축복을 받았습니다. 결코 야곱의 잔
꾀로, 속이는 일로서 이 일이 이루어진 것이 아닙니다. 야곱은 간교
함으로 남을 속여 다른 사람이 받을 축복을 빼앗는 사기꾼이 아닙
니다. 야곱, 그는 순전한 자이며, 완전한 사람이요, 경건하기까지한
하나님의 사랑받는 사람입니다.

　야곱을 향한 이삭의 축복기도 사건을 통하여 우리가 알아야 하는
것은 하나님께서 예언하신 말씀은 반드시 이루어진다는 것입니다.

　　진실로 너희에게 이르노니　천지가 없어지기 전에는 율법의
　　일점 일획이라도 반드시 없어지지 아니하고 다 이루리라 (마
　　태복음 5:18)

　　하나님은 인생이 아니시니 식언치 않으시고 인자가 아니시
　　니 후회가 없으시도다 어찌 그 말씀하신 바를 행치 않으시며
　　하신 말씀을 실행치 않으시랴 (민수기 23:19)

야곱을 향한 이삭의 축복기도는 신실하신 하나님, 하심 말씀을 반드시 실행하시는 하나님의 사건이요, 야곱을 향하여 축복하시겠다는 언약하신 하나님의 사건입니다.

이 축복기도가 진정 중요한 것은 어미 리브가의 말에 거역하지 아니하고, 절대적으로 따르는 순종을 통하여 승리한 야곱이 아비 이삭의 축복기도를 통하여 하나님 앞과 사람 앞에서 "이스라엘"로 세워지는 순간이기 때문입니다.

외삼촌 라반의 집으로
보냄을 받은 야곱

외형적으로는 형 에서의 위협으로 인하여

밧단 아람에 있는 외삼촌 집으로 피신을 한 것으로 보이나

여기에도 하나님의, 인도하심이 있고,

하나님의 계획하심이 있음을 우리는

믿음의 눈으로 볼 수 있어야 합니다.

제5장
외삼촌 라반의 집으로 보냄을 받은 야곱

야곱이 밧단 아람에 살고 있던 그의 외삼촌 라반의 집으로 보냄을 받는 사건을 통해서, 우리는 귀중한 교훈을 얻게 됩니다. 하나님께서는, 택하신 야곱의 삶을 통하여 우리 믿는 자들에게 많은 계시를 주고 있습니다. 우리는 야곱이 어머니의 뜻을 따라서 형 에서를 피하여 밧단 아람에 살고 있는 외삼촌 집으로 도망을 가게 되는데, 그 과정이 하나님의 인도하심과 섭리 속에서 어떻게 진행 되어졌던가에 대하여 생각하여 보고자 합니다.

무엇보다도 먼저 우리가 알아야 하는 것은 하나님은 택하신 자의 생명을 지켜주시며 항상 은혜로 인도하신다는 것입니다.

때로는 우리가 미쳐 깨닫지 못할 때에도 하나님은 우리를 지키시며, 보호하시고 인도하고 계신다는 사실입니다. 그리하여 시험의 때를 이기게 하십니다.

사람이 감당할 시험 밖에는 너희에게 당한 것이 없나니
오직 하나님은 미쁘사 너희가 감당치 못할 시험 당함을
허락지 아니하시고 시험 당할 즈음에 또한 피할 길을 내사
너희로 능히 감당하게 하시느니라 (고린도전서 10:13)

보세요. 여기!

야곱을 외삼촌 라반의 집으로 보내는 것은 어머니 리브가의 생각
이었고, 계획이었습니다. 큰 아들 에서가 야곱을 죽이겠다는 생각
을 알게 된 리브가는 남편인 이삭에게 야곱을 외삼촌 라반의 집으
로 보낼 것을 부탁하고 이 말을 듣고 결국 이삭은 야곱을 불러 밧단
아람으로 가서, 그 곳에 살고 있는 외삼촌 라반 집에서 거할 것을
명합니다. 아버지의 명을 받은 야곱은 아버지의 말씀에 오로지 순
종하여 부모님의 품을 떠나 기약 없는 먼 길을 떠나게 된 것입니다.

야곱을 보내며 이삭은 그를 위하여 복을 빕니다.

전능하신 하나님이 네게 복을 주어 너로 생육하고 번성케 하
사 너로 여러 족속을 이루게 하시고 아브라함에게 허락하신
복을 네게 주시되 너와 너와 함께 네 자손에게 주사 너로 하
나님이 아브라함에게 주신 땅 곧 너의 우거하는 땅을 유업으
로 받게 하시기를 원하노라

여기서 우리가 깊이 생각하고 놓치지 말아야 할 것이 있습니다.

외형적으로는 형 에서의 위협으로 인하여 밧단 아람에 있는 외삼촌 집으로 피신을 한 것으로 보이나 여기에도 하나님의 인도하심이 있고, 하나님의 계획하심이 있음을 우리는 믿음의 눈으로 볼 수 있어야 한다는 것입니다.

야곱이 밧단 아람에 있는 외삼촌 라반의 집으로 가게 된 것은 야곱의 생각이 아닙니다. 야곱의 의지가 있는 것도 아니었습니다. 야곱이 스스로 아비 이삭의 장막을 떠나려 한 것이 결코 아니라는 말입니다.

태어나면서 장막에 거하며 부모에게 효도하며 살았던 야곱은 들의 사람인 에서처럼 장막을 떠난 경험이 없습니다. 그러기에 아비의 장막을 떠나 머나먼 여행길, 거칠고 위험한 여행길을 홀로 떠난다는 것은 꿈에도 생각할 수 없는 것입니다.

더구나 야곱이 거주하고 있는 고향인 가나안땅 브엘세바에서 삼촌 라반이 거주하는 밧단 아람까지의 거리는 어림잡아 서울과 부산을 오가는 왕복거리에 조금 못 미치는 거리입니다.

아마도 당시에 그 길은 산을 넘고 들을 건너야 하는 험악한 길이기에 더 먼 거리로 느껴지게 됐을 것이라 생각이 됩니다. 이러한 길을 오로지 걸어서 혈혈단신으로 떠난다는 것은 상상도 할 수 없었을 것입니다. 우리가 살고 있는 현대의 교통수단이라고는 전혀 없는 시기이기에 , 오로지 걸어서 가야하는 길이었기에 더욱 그렇습니다.

리브가의 작품

사실 야곱은 자신에게 다가올 일, 즉 형 에서로 부터의 어떠한 위협감을 전혀 느끼지 못했습니다. 자신을 죽이려하는 에서의 생각을 전혀 알지를 못하였다는 말입니다. 이 사건은 야곱의 도주사건이라 보기보다는 어머니 리브가의 작품으로 보는 것이 옳다고 생각을 합니다.

에서가 야곱을 미워하여 죽이리라 마음먹은 생각을 누가 알았나요?

오로지 어머니 리브가입니다.

이를 알고 야곱을 죽음의 위협에서 구원하기 위하여 어머니 리브가는 야곱에게 밧단 아람으로 가서, 하란에 거주하고 있는 외삼촌 라반 집에 가서 거하라 말합니다. 후에 에서의 노가 풀리면 내가 사람을 너에게 보내리라고 말합니다.

어머니 리브가가 개입하지 않았다면 이런 일은 이루어지지 않았을 것이요, 야곱의 생명은 위험에 처하였을 것입니다. 여기서 우리가 알아야 하는 것은 인생들의 생각을 예지하시는 주님께서 우리들의 삶에 친히 개입하시며, 우리들의 생명과 삶을 보호하여 주시고 인도하여 주시고 계십니다. 그러기에 이 사건 속에 야곱의 생명을 보존하시고자 하는 하나님의 섭리하심이 함께 하였다는 것입니다.

야곱이 어떤 사람입니까?

하나님께서 친히 이르시기를 "내가 야곱을 사랑하노라." 증거하여 주시었습니다. 또한 어디를 가든지 함께 하여주고, 축복하시겠다는 언약이 있는 사람입니다. 이보다 더욱 중요한 사실은 야곱, 그가 바로 "이스라엘"이라는 것입니다.

하나님은 택함을 입은 이스라엘, 하나님의 사람인 야곱을 밧단 아람으로 보내시어 그의 생명을 보존하신 것입니다. 하나님은 이스라엘의 생명을 지켜주시고 붙들어 주신 것입니다. 이같이 하나님께서는 택하신 백성들의 생명을 지켜주시고, 그들의 삶을 보장하여 주시며, 언약의 말씀을 지켜 복의 복을 더하시는 하나님이십니다.

요셉의 생애를 들여다보면, 이와 유사한 사실을 더욱 확실하게 알 수 있습니다. 아버지 야곱의 사랑을 홀로 한 몸에 받고 자란 요셉은 결국 그의 형들의 미움을 받아 미디안 상인들의 손에 넘겨져 애급으로 팔려갑니다. 애급에서의 요셉의 고통스러운 삶을 성경은 이렇게 표현하고 있습니다.

한 사람을 앞서 보내셨음이여 요셉이 종으로 팔렸도다 그
발이 착고에 상하며 그 몸이 쇠사슬에 매였으니 곧 여호와
의 말씀이 응할 때까지라 그 말씀이 저를 단련하였도다 (시
편 105:17~19)

그의 영혼이 쇠사슬에 묶인 삶!
요셉의 애굽에서의 고통의 세월을 성경은 이렇게 표현하고 있
는 것입니다. 얼마나 원망스러웠을까? 얼마나 힘들고 괴로웠을까?
그러나 이러한 삶의 고통을 믿음으로 하나님만을 의지하여 이기
고 승리한 요셉은 하나님의 도우시는 은혜로 애굽의 총리대신이라
는 자리에까지 나아가게 됩니다.

후에는 애굽 왕 바로의 허락을 받아 아버지 야곱과 더불어 가족,
형제 모든 식구들을 애굽으로 불어오게 됩니다. 극심한 흉년으로
죽음에 몰린 야곱과 그 자녀들을 살린 것입니다. 이는 '이스라엘'을
보존하시는 하나님의 섭리의 손길이었습니다.

이 사실을 깨달은 요셉의 고백이 이렇습니다.

요셉이 그들에게 이르되 두려워 마소서 내가 하나님을 대신
하리이까 당신들은 나를 해하려 하였으나 하나님은 그것을
선으로 바꾸사 오늘과 같이 만민의 생명을 구원하게 하시려

하셨나니....(창세기 50:19~20)

아버지 야곱의 죽음으로 인하여 요셉을 애굽에 판 형들이 요셉의 보복함을 두려워하게 되었습니다. 자신들이 행한 일로 인하여 요셉에게 보복을 당하지 않을까 두려워했던 것입니다. 두려워 떠는 그들에게 요셉이 한 말입니다.

내가 하나님을 대신하리이까?

하나님을 대신 할 수는 없습니다. 내가 애굽에 종으로 팔린 것은 하나님이 하신 일이라는 것입니다. 당신들을 보호하시기 위하여, 즉 '이스라엘' 과 이스라엘 후손들을 보존하시기 위하여 하나님은 나를 먼저 이곳으로 보내었으니 당신들뿐만이 아니라 당신들의 자녀들까지도 내가 기르겠나이다 라고 말하며 그의 형제들을 도리어 위로합니다.

그렇습니다.
야곱이 밧단 아람으로 형의 노여움을 피하여 보냄을 받은 것은 장차 이스라엘을 보존 하시고자 하는 하나님의 섭리였습니다.

두 번째로 생각하여야 하는 것은 택한 백성의 순결을 위하여 보냄을 받았다는 것입니다.

야곱이 밧단 아람에 있는 외삼촌 라반의 집으로 보냄을 받은 것은 형 에서의 위협에서 보호하시는 하나님의 도우시는 은혜의 손길이 함께 하였습니다. 그러나 더욱 놀라운 사실이 있습니다. 우리가 반드시 마음 깊이 새겨져야 될 내용이 포함되어 있습니다. 그것은 택함을 입은 백성의 순결을 위하여 야곱이 밧단 아람에 있는 외삼촌의 집으로 보냄을 받았다는 사실입니다.

하나님은 당신의 택하심을 입은 '이스라엘(야곱)'의 순결을 원하십니다. 이스라엘의 순결을 원하시기에 이방인과의 결혼을 금하신 것입니다. 이스라엘의 순결을 원하시는 하나님의 준엄한 명령이 이렇습니다.

네 하나님 여호와께서 너를 인도하사 네가 가서 얻을 땅으로 들이시고 네 앞에서 여러 민족 헷 족속과 기르가스 족속과 아모리 족속과 가나안 족속과 브리스 족속과 히위 족속과 여부스 족속 곧 너보다 많고 힘이 있는 일곱 족속을 쫓아내실 때에 네 하나님 여호와께서 그들을 네게 붙여 너로 치게 하시리니 그 때에 너는 그들을 진멸할 것이라 그들과 무슨 언약도 말 것이요 그들을 불쌍히 여기지도 말 것이며 또 그들과 혼인하지 말지니 네 딸을 그 아들에게 주지 말 것이요 그 딸로 네 며느리를 삼지 말 것은 그가 네 아들을 유혹하여 그로 여호와를 떠나고 다른 신들을 섬기게 하므로 여호와

께서 너희에게 진노하사 갑자기 너희를 멸하실 것임이니라
(신명기 7:1~4)

위의 말씀에서 볼 때에

여호와께서는 성별된 이스라엘 백성들이 가나안 지역의 다른 이
방인들과의 결혼을 금지하도록 말씀하심과 같이 야곱의 삶에 하나
님이 친히 개입하시어 이방여인으로부터 택한 이스라엘 야곱의 순
결을 지켜주신 것입니다.

어머니 리브가가 남편 이삭에게 야곱을 외삼촌의 집으로 보낼 것
을 간곡히 이야기 하며, 하는 말이 다음과 같습니다.

"내가 헷 사람의 딸들을 인하여 나의 생명을 싫어하거늘 야
곱이 만일 이 땅의 딸들 곧 그들과 같은 헷사람의 딸들 중에
서 아내를 취하면 나의 생명이 내게 무슨 재미가 있으리이까
(창세기 27:46)

이에 이삭이 야곱을 불러 그에게 축복하고 밧담 아람 외삼촌 집
으로 보내며 이르기를 " 너는 가나안 사람의 딸들 중에서 아내를
취하지 말고 일어나 밧단 아람으로 가서 너의 외조부 브두엘 집에
이르러 거기서 너의 외삼촌 라반의 딸 중에서 아내를 취하라." 명
합니다.

이는 야곱 곧 이스라엘의 순결을 위한 것입니다.

장막을 떠나 들사람이 되어 세상을 떠돌던 장자 에서는 이방여인들을 아내로 맞이하게 됩니다. 이는 하나님의 금하신 바요, 부모의 근심이 되었습니다.

하나님은 모든 그리스도인들의 혼인의 순결을 원하십니다.

택함을 입은 백성의 순결을 위하여 부모님은 야곱을 그의 외삼촌의 집으로 가서 살도록 하였습니다. 이는 또한 야곱이 순결하기를 원하시는 하나님의 인도하심이 함께 한 것입니다.

셋째로는 살아계시는 하나님에 대한 체험의 여정이었습니다.

야곱이 밧단 아람으로 가는 그 길은 하나님의 살아계시며, 역사하시며, 임재하심에 대한 생생한 체험의 장이었습니다. 또한 야곱에게는 귀로만 듣던 하나님을 실제로 체험하는 한 과정이었습니다. 야곱에게 있어서 살아계시는 하나님에 대한 신앙의 깊이가 더욱더 깊어지는 체험의 길이었습니다.

기독교는 체험의 종교

"귀로만 듣던 하나님을 이제는 눈으로 보나이다."하는 고백이 그리스인들에게 있어서 반드시 필요합니다. 지금까지 아비 이삭으로

부터 전하여 듣고 섬기던 하나님이었다면, 이후로는 하나님을 직접 만나보는 체험, 여호와 하나님의 음성을 듣는 체험, 여호와의 언약을 친히 듣는 체험을 하고, 살아계시는 하나님께 엎드려 경배하는 야곱의 모습에서 우리는 살아계시는 하나님의 영광을 봅니다.

실제로 야곱은 벧엘 광야에서 하나님을 체험한 후에 이와같이 고백합니다.

> 야곱이 잠이 깨어 가로되 여호와께서 과연 여기 계시거늘 내가 알지 못하였도다 이에 두려워하여 가로되 두렵도다 이곳이여다른 것이 아니라 이는 하나님의 전이요 이는 하늘의 문이로다 하고 야곱이 아침에 일찌기 일어나 베개하였던 돌을 가져 기둥으로 세우고 그 위에 기름을 붓고 그 곳 이름을 벧엘이라 하였더라 이 성의 본 이름은 루스더라 (창세기 28:16~19)

실로 벧엘에서의 하나님 체험은 야곱의 신앙에 큰 변화를 가져오게 됩니다. 야곱이 브엘세바 장막 집에서 하나님을 섬길 때까지는 하나님을 아비 집에만 거하시는 하나님으로 알고 있었다는 이야기입니다. 그러한 야곱에게, 벧엘 광야에서 자신에게 나타나신 하나님을 본 뒤에 그는 이렇게 고백합니다.

"하나님이 과연 여기 계시거늘 내가 알지 못하였도다."

지금까지 알지 못하던 무소부재하시는 하나님을 알게 되었다고 말합니다.

"과연 하나님은 모든 곳에 거하시는 하나님이시도다."

살아계시는 하나님을 친히 체험한 자만이 확고한 신앙위에 서있을 수 있는 것입니다. 흔들리지 않은 신앙을 가지고자 원하시나요? 하나님을 직접 체험하시기 바랍니다.

야곱은 실로 밧단 아람에 있는 외삼촌 라반의 집을 향하여 가는 길, 그리고 그 곳의 삶 속에서, 또한 아비 집을 향하여 돌아오는 길에서 하나님을 친히 만나보며, 산 체험의 신앙의 소유자가 됩니다.

어느날 예수님은 제자들을 재촉하여 먼저 배를 타고 갈릴리 바다를 건너게 합니다. 배가 육지를 떠나 바다 가운데 이르렀을 때에, 바람이 거세게 불기 시작하였습니다. 배에 타고 있는 제자들은 바람과 파도로 인하여 고통을 당하게 되었습니다. 밤 사경쯤 되어 예수께서 바다 위로 걸어서 제자들에게 오시었습니다. 누군가가 바다 위로 걸어 오는 것을 본 제자들은 놀라 "유령" 외치며 두려움에 떨었습니다. 이에 예수께서 제자들을 향하여 "안심하라 내니 두려워말라."하시었습니다.

이 때에 베드로가 이렇게 말합니다.

"주여 만일 주시어든 나를 명하사 물 위로 오라 하소서."

"그래 오라!"

이 말씀을 들은 베드로가 용기 백배하여 배에서 내려 물 위로 걸어서 예수께로 향하여 가게 됩니다. 얼마를 바다 위를 걷던 베드로가 바람을 바라 보고, 몰아지는 파도를 보고서 두려움이 생기었고, 그 순간 베드로의 몸은 물속으로 빠져들기 시작하였습니다.

베드로가 소리 지릅니다.

"주여 나를 구원하소서!"

" 믿음이 적은 자여 왜 의심하였느냐?"

하시며 예수께서 즉시 손을 내밀어 저를 붙잡아 물에서 건져 주시었습니다.

예수님과 베드로가 함께 배에 오르니 바람과 파도가 잠잠하여졌습니다. 이를 본 제자들이 이구동성으로 말합니다.

"진실로 하나님의 아들이로소이다,"

제자들은 이 체험을 통하여 예수님에게서 천지와 만물을 주관하시는 하나님이 되심을 보게 됩니다.

제자들이 갈릴리 바다로 보냄을 받고, 그 고난의 현장에서 하나님을 체험하는 것처럼, 야곱이 하란으로 보냄을 받고, 그 노정에서 하나님의 역사하심을 체험합니다. 야곱은 벧엘의 하나님을 체험함으로 인하여 이제는 우물 안 개구리 신앙에서 벗어나 광대하신 하나님, 우주에 충만하신 하나님, 무소부재하신 하나님, 일마다 때마다 함께 하시며 도우시는 하나님을 체험하며, 언약을 하시며 언약을 이루시는 하나님의 역사 하심을 체험하게 됩니다.

우리의 신앙 역시, 편협한 신앙에서 벗어나야만 하겠습니다.
예수님 당시의 예루살렘의 제사장, 율법사, 서기관, 사두개인, 바리새인, 소위 신앙에 정통하였다는 그들이 어찌하여 예수를 버렸나요? 그것은 그들의 편협한 생각 때문이었습니다

그들은 말합니다.
"갈릴리에서 무슨 선한 것이 나겠는가?"

고정화되고, 고착화되고 편협한 생각을 넓혀서, 하나님의 선하시고, 기뻐하시고, 온전하신 뜻이 무엇인지를 알기위해서, 그리고 온 우주에 충만하신 하나님을 알기 위하여 우리 모든 신앙인들은 하나님의 도우시는 은혜를 구하여야 할 것입니다.

여기서 우리가 또 하나 생각해 보아야 될 것은, 사건 속에서 역사하시는 하나님이시라는 것입니다.
하나님의 모든 역사 하심은 하나님의 형상대로 지음받은 사람을 통해서만이 역사가 진행되어지고, 그리고 그 역사가 진행 되어지는 과정에서 모든 사건이 만들어지게 되지요. 즉 사람을 통해서 역

사와 사건이 조성되어지게 된다는 의미입니다.

물론 하나님은 사건이 없으면 역사하지 아니하시나요?
하나님은 사건이 없으면 자신의 존재를 나타내지 아니하시나요?
묻는다면 그런 것은 결코 아닙니다. 하나님은 얼마든지 사건이
없는 고요함 속에서도 자신의 존재를 나타내시며 영광을 받으십
니다.

> 하늘이 하나님의 영광을 선포하고 궁창이 그 손으로 하신 일
> 을 나타내는도다 날은 날에게 말하고 밤은 밤에게 지식을 전
> 하니언어가 없고 들리는 소리도 없으나 그 소리가 온 땅에
> 통하고 그 말씀이 세계 끝까지 이르도다 하나님이 해를 위하
> 여 하늘에 장막을 베푸셨도다 (시편 19:1~4)

그럼에도 불구하고 우리가 하나님의 말씀을 보면서 알게 되는 것
은 수 없는 많은 경우에 사건 사건을 통하여 우리는 하나님의 일하
심을 보며, 그의 영광을 나타내심을 보게 됩니다.
예수님은 자신의 영광을 드러내심은 사건과 기적을 통하여 자신
의 드러내심을 보게 됩니다.

벳세다 들녘에서 모든 굶주린 자들을 먹이시면서 자신이 생명의
떡임을 증거하시었고, 바람과 파도로 고난 중에 있는 제자들을 위

하여 바람과 파도를 꾸짖어 잠잠케 하심으로 인하여 우주와 만물을 주관하시는 창조주 하나님을 증거하시었습니다. 각색 병든 자를 고쳐주심으로, 창조주가 되시며 또한 온 인류의 생명의 근원이 되시며, "자신이" 세상 죄를 짊어지고 가는 하나님의 어린 양이 되심을 직접 증거하시었습니다.

　생각건대 야곱의 밧단 아람으로의 길은, 야곱에게 죽음을 담보한 참으로 위험한 길이었으며, 실로 야곱의 생애에 있어서는 대 사건이 아니라 할 수 없습니다. 이러한 과정 에서 하나님께서는 자신을 야곱에게 나타내 보이시며, 하나님이 어떠한 분이심을 확실히 깨닫게 해 주시었던 것입니다.

　세례요한이 예수님의 행하시는 이적들에 관하여 제자들에게서 전하여 듣고 제자 중 둘을 불러 예수께 보내어 물었습니다.
　"오실 그이가 당신이오니이까? 우리가 다른 이를 기다리오리이까?"

　이에 예수께서 대답하시기를

　　"너희가 가서 보고 들은 것을 요한에게 고하되 소경이 보며 앉은뱅이가 걸으며 문둥이가 깨끗함을 받으며 귀머거리가 들으며 죽은 자가 살아나며 가난한 자에게 복음이 전파된다

하라" 하시며 "누구든지 나를 인하여 실족하지 아니하는 자는 복이 있도다." 하시었습니다.

예수님은 자신이 행하는 표적〈사건〉을 보며, 자신이 메시야임을 믿으라고 말씀을 하시는 것입니다.

예수께서 제자들과 함께 길 가실 때에 날 때부터 소경 된 사람을 보게 되었습니다. 이를 본 제자들이 예수께 묻기를 "랍비여 이 사람이 소경으로 난 것이 뉘 죄로 인함이오니이까? 자기오니이까? 그 부모오니이까?"

이에 예수께서 대답하여 주시기를

"이 사람이 소경으로 난 것은 이 사람이나 그 부모가 죄를 범한 것이 아니라 그에게서 <u>하나님의 하시는 일을 나타내고자</u> 하심이니라."하시었습니다.

하나님의 하시고자 하는 일을 세상에 나타내는 것!
이것이야 말로 우리들의 삶의 의미가 아닌가 생각합니다.

야곱(이스라엘)은 그의 삶 전반에 걸쳐서, 그의 행하는 일, 외삼촌 라반의 집으로 향하여 가는 길에서 그의 걸음 걸음마다 하나님의 하시는 일을 나타내고 있습니다. 우리는 야곱의 삶을 통하여 하나님께서는 환난에 처한 그의 백성들을 생명의 길로 인도해 주신다는 것을 알게 됩니다.

야곱의 삶을 인도 해주시는 하나님께서 우리 모든 믿는 자들에게도 똑같은 하나님의 도우심과, 섭리하심을 있다는 사실을 믿음으로 살아계시는 하나님께 영광을 돌려야 하겠습니다.

지렁이의 몸부림

하나님께서는 이사야 선지자를 통하여
야곱을 "지렁이같은 야곱"이라 부르시었습니다.
(개혁한글 이사야 41장 14절)
지렁이같은 버러지에게는
잔꾀를 부릴만한 뇌가 없습니다.
거짓으로 남을 속일만한 지능이 없습니다.
남을 물어뜯을 강력한 이빨도 없습니다.
남에게 생채기를 낼만한 강한 발이나
손이 있는 것도 아닙니다.
할 수 있는 것이라고는 밟으면
꿈틀거리는 것 외에는 할 수 있는 것이 없습니다.

제6장
지렁이의 몸부림

하나님의 인도하심 속에서 야곱은 기나긴 여행 끝에 삼촌이 살고 있는 밧단 아람, 지금의 메소포타미아 땅에 이르게 되었습니다. 그 곳에서 야곱은 한 우물을 발견하게 되는데, 이는 양떼를 위하여 들판에 파 놓은 우물이었습니다. 마침 양떼에게 물을 먹이려고 오는 한 무리의 목자들을 만나게 되고 야곱은 그들에게서 하란에 거주하는 외삼촌 라반에 관하여 소식을 듣게 됩니다. 야곱은 그들을 통해서, 삼촌 라반의 딸 라헬이 양무리에게 물을 먹이고자 이 곳을 향하여 오고 있다는 이야기도 듣게 됩니다.

잠시 후에 그들의 말대로 양 떼에게 물을 먹이기 위해, 양 떼를 이끌고 온 라헬을 만나서, 그 여인이 외삼촌 라반의 딸이라는 사실을 알게 됐을 때, 야곱은 자기의 가정 상황, 어머니와 외삼촌 되시는 라헬의 아버지와의 관계에 대한 이야기를 통해서 두 사람이 친척관계임을 확인 하게 된 후에 야곱은 라헬을 따라 삼촌 라반의 집에 도착합니다.

라헬이 먼저 아버지 라반에게 가서 야곱에 대한 소식을 전하니, 이를 듣고 라반이 달려나와 야곱을 영접하며 "너는 참으로 나의 골육이로다."하고 안고 입 맞추고 자기 집으로 인도하여 들였습니다.

삼촌 라반의 집에서 함께 살게 된 야곱은 근면하고 성실하고 진실함으로 삼촌을 도와 양들을 치게 됩니다. 야곱의 일하는 모습을 지켜본 라반은 야곱에게 제안을 합니다.

"네가 비록 나의 생질이지만, 어찌 내가 너에게 너의 일한 품 삯 주지 않고 내 일만 하도록 네게 부탁하겠느냐? 무슨 보수를 주랴? 내게 말하라."

야곱이 대답하기를

"외삼촌의 작은 딸 라헬을 위하여 외삼촌에게 제가 칠년을 봉사하리이다."

라반이 이르기를 "그래 그리하라. 그를 네게 주는 것이 타인에게 주는 것보다 나으니 나와 함께 있으라." 하고 허락하였습니다.

그리하여, 그때부터 야곱은 외삼촌 라반의 약속의 말을 믿고 근면, 성실한 처가살이가 시작되어졌습니다.

속임을 당하는 야곱

라헬을 아내로 맞이하기 위하여 약속한 칠 년 동안의 야곱의 삶을 성경은 이렇게 말하고 있습니다.

야곱이 라헬을 위하여 칠년 동안 라반을 봉사하였으나 그를
연애하는 까닭에 칠년을 수일 같이 여겼더라 (창세기 29:20)

칠년이 지난 후 야곱이 맞이한 신부는 라헬이 아닌 라헬의 언니 레아였습니다. 삼촌 라반에게 속은 것을 알게 된 야곱은 항변 하였으나 소용이 없었습니다. 결국 라헬을 아내로 얻기 위하여 또 다시 칠년을 더 봉사하게 됩니다.

이렇게 하여 두 아내를 얻었으며 후에는 라헬의 시녀 빌하를, 레아의 시녀 실바를 아내로 맞이하여 자녀를 낳았습니다. 이렇게 야곱은 네 아내를 통해서 12명의 자녀를 얻게 되고 이들은 장차 이스라엘의 12지파를 이루게 됩니다.

아버지 이삭의 명하신 대로 아내를 맞이하고 가정을 이루게 된 야곱은 이제 고향으로 떠나려 합니다. 야곱의 말을 들은 삼촌 라반은 야곱을 붙들고 간하며 이렇게 말합니다.

"여호와께서 너에게 복주시어 너로 인하여 내가 복을 받은 줄을 내가 깨달았노라. 네가 나를 사랑스럽게 여긴다면 여기 유하라. 네 품삯을 정하라. 내가 그것을 주리라."

"외삼촌 보세요! 내가 그 동안 어떻게 외삼촌을 섬겼는지, 어떻게

외삼촌의 양들을 쳤는지 외삼촌이 잘 아시나이다. 내가 오기 전에
는 외삼촌의 소유가 적었으나 이제는 번성하여 떼를 이루었나이
다. 그러나 나는 언제나 내 집을 세우리이까?"

"내가 무엇을 너에게 주랴? 내게 말하라."

"오늘 내가 외삼촌의 양떼로 두루 다니며 그 양 중에 아롱진 자와
점 있는 자와 검은 자를 가리어내며 염소 중에 점 있는 자와 아롱진
자를 가리어 내리니 이같은 것이 나면 나의 삯이 되리이다. 후일에
외삼촌께서 오셔서 내 품삯을 조사하실 때에 나의 의가 나의 표징
이 되리이다 내게 혹시 염소 중 아롱지지 아니한 자나 점이 없는 자
나 양중 검지 아니한 자가 있거든 다 도적질한 것으로 인정하소서."

"내가 네 말대로 하리라."

외삼촌 라반은 야곱을 붙잡아서 자기와 함께 자기의 양무리를
치게 하는 것이 자신에게 많은 유익이 되겠다고 하는 당시의 상황
을 잘 알고 있었기 때문에 생질인 동시에, 사위가 되는 야곱이 자
기 앞에서 함께 일 해 주기를 간청하게 되었던 것입니다.
외삼촌이지만, 또한 장인이기도 한 라반이 이제는 확실하게 야곱
에 대하여 알게 되었습니다. 야곱은 하나님이 함께 하시는 사람이
요, 모든 일에 복이 되게 하시는 하나님이 야곱과 함께 하심을 깨달

았습니다.(창세기 30:27) 그리하여 야곱에게, 자기 앞을 떠나지 말고 자기와 함께 할 것을 부탁한 것입니다. 이리하여 야곱은 다시 삼촌 라반의 집에 또 다시 머물러 양과 염소를 치게 됩니다.

외삼촌 라반은, 어찌하여 떠나려는 하는 야곱을 간곡하게 붙들어 자신의 짐승을 다시 치게 하였나요? 외삼촌 라반은 야곱에게서 무엇을 보았나요? 하나님이 함께하시며 하나님께 복을 받는 야곱을 보았습니다. 일에 있어서는 성실하고 근면한 야곱을 보았습니다. 대인관계에 있어서는 진실하고 착하고 참된 모습의 야곱을 보았습니다. 교활하고, 속임수가 많아 남을 거짓으로 속이는 야곱이 아님을 보았습니다. 거짓으로 속여 남을 것을 빼앗는 야곱이 아님을 보았습니다. 속임을 받을지언정 남을 속여 남의 마음을 아프게 하는 야곱이 아님을 보았습니다.

야곱이 정한 품삯

외삼촌 라반에게 제시한 야곱의 품삯은 외삼촌 라반에게는 극히 유리한 조건이었으나, 야곱에게는 극히 불리한 제안이었습니다.
야곱이 자신의 몫으로 제시한 내용은 다음과 같습니다.

1. 양떼 중에서 순백을 제외한 양
2. 염소 떼 중에서는 순흑을 제외한 염소

다시 말하면 양 중에서는 아롱진 양, 점 있는 양, 검은 양, 그리고 염소 중에서는 점있는 염소, 아롱진 염소를 자신의 몫으로 요구한 것입니다.

그런데 동양적인 양의 털은 흰색입니다.

그리고 염소의 털은 검은 색입니다. 양이나 염소처럼 단색 동물인 경우에는 점박이 새끼가 나온다는 것은 유전학적으로 열성에 속합니다.

따라서 열성이 나올 확률은 극히 희박한 것입니다.

이런 야곱의 제안을 즉시 받아들인 외삼촌 라반은 야곱의 짐승과 아들들의 짐승을 따로따로 구분하고 분리하여 짐승을 치게 합니다. 야곱에게는 오로지 흰털의 양과 검은 털의 염소만을 치도록 하였습니다.

> 라반이 가로되 내가 네 말대로 하리라 하고 그 날에 그가 수염소 중 얼룩무늬 있는 자와 점 있는 자를 가리고 암염소 중 흰 바탕에 아롱진 자와 점 있는 자를 가리고 양 중의 검은 자들을 가려 자기 아들들의 손에 붙이고 자기와 야곱의 사이를 사흘길이 뜨게 하였고 야곱은 라반의 남은 양떼를 치니라 (창세기 30:34~36)

야곱은 어찌 이런 극히 불리한 제안을 하였을까요?

어떤 이들이 생각하는 것처럼, 형을 속이고, 아비를 속여 장자의 권리를 빼앗고, 형의 복을 가로챈 야곱이 자신의 실리를 꾀할 충분한 계략이 있었기 때문에, 위와 같은 제안을 라반에게 하였을까요?

아닙니다. 야곱은 그런 잔꾀를 부려 삼촌의 양과 염소를 도적질할 심성의 사람이 아닙니다. 외삼촌 라반이 떠나려는 야곱을 붙들고 더 머물러서 나의 양떼들을 치라고 부탁을 할 정도로 야곱은 신실하고 정직하고 근면한 사람이었습니다.

외삼촌은 이미 야곱이 어떠한 인물인가를 알고 있습니다.

오랜 세월 그를 지켜보면서 야곱의 성실함과 근면함과 진실함을 보았기에 야곱이 떠나려 하자 그를 붙들고 말리며 함께 있기를 간곡히 권하며, 네가 삯을 정하라 내가 주리라 제안한 것입니다. 야곱에게서 조금이라도 교활함과 악한 면을 보았다면 결코 붙잡아 두지 않았을 것입니다.

야곱은 심성이 온전하고, 완전하고, 진실하고, 경건하기 까지 한 성격의 소유자라 말씀을 드린바 있습니다. 야곱이 이렇게 불리한 제안을 할 수 있었던 것은 무엇보다도 하나님의 축복된 언약을 믿었기 때문입니다. 네가 어디를 가든지 내가 너와 함께 하며 너를 복되게 하여 땅의 모든 족속이 너와 네 자손으로 말미암아 복을 받으

리라 하신 하나님의 언약의 말씀을 믿었기 때문입니다. 하나님의
함께 하심과 도우심과 축복하심을 믿었기 때문입니다. 지금까지 함
께 하시어 자신으로 인하여 외삼촌 라반의 집을 부요하게 하신 하
나님께서 앞으로도 함께 하시며 복되게 하실 것을 굳게 믿었습니
다. 그리하여 야곱은 하나님을 의지하는 참된 신앙 안에서 그러한
제안을 할 수 있었습니다.

  한편으로 야곱은 외삼촌 라반이 기뻐하며, 흔쾌하게 자신의 말을
받아들일 만한 제안을 한데에는 그럴만한 이유가 또 있습니다. 그
것은 어머니 리브가의 말을 생각했기 때문입니다.

       내 아들아 내 말을 좇아 일어나 하란으로 가서 내 오라버니
       라반에게 피하여 네 형의 노가 풀리기까지 몇날 동안 그와
       함께 거하라 네 형의 분노가 풀려 네가 자기에게 행한 것을
       잊어버리거든 내가 곧 보내어 너를 거기서 불러오리라 (창세
       기 27:43~45)

  집으로 돌아오라는 어머니 리브가로 부터의 기별이 없기 때문입
니다. 아직은 삼촌 라반의 집에 더 머물러 있어야 한다는 것을 알
고 있었기 때문이었습니다.

　야곱의 제안을 들은 외삼촌 라반은 기뻐하며, 야곱의 제안을 흔
쾌히 수락하고 즉시 실천에 옮겼습니다. 이렇게 하여 야곱은 다시
외삼촌 라반의 집에 거하며 외삼촌의 양와 염소를 치게 됩니다.

　여기에서 또 다시 중요한 하나의, 새로운 상황이 전개됩니다.
　야곱이 자신의 몫으로 정해준 양과 염소를 이끌고 산과 들로 다
니며 먹이고 기릅니다. 그런데 양과 염소를 치는 중, 이들에게서
낳는 새끼는 양의 새끼는 흰 양들이며, 염소는 검정 털의 새끼들뿐
입니다. 자신에게 돌아올 몫은 없습니다. 자신에게 돌아올 몫은 진
정 희박합니다.

　이에 야곱은 한 방법을 생각해 냅니다.

　　야곱이 버드나무와 살구나무와 신풍나무 푸른 가지를 취하
　　여 그것들의 껍질을 벗겨 흰 무늬를 내고 그 껍질 벗긴 가지
　　를 양떼가 와서 먹는 개천의 물구유에 세워 양떼에 향하게
　　하매 그 떼가 물을 먹으러 올 때에 새끼를 배니 가지 앞에서
　　새끼를 배므로 얼룩얼룩한 것과 점이 있고 아롱진 것을 낳은
　　지라 (창세기 30:37-39)

야곱이 행한 이 방법은 당시에 근동지역의 목자들이 사용하긴 했으나, 오늘날 과학적인 근거는 전혀 없는 것입니다.

이 행위, 이 사실을 두고 또 다시 야곱은 욕을 먹습니다.
"과연 야곱이로다. 교활한 방법을 이용하여 외삼촌의 것을 도적질하는도다." 라고 말입니다.

그러나 저는 이 사건을 이렇게 봅니다.
야곱의 이러한 행위는 "지렁이의 몸부림"이라 생각합니다.
도저히 답이 없을 때, 아무것도 할 수 없는 상황에서 이렇게라도 해보아야 하겠다는 약자의 치열한 몸부림이라 생각합니다.

하나님께서는 이사야 선지자를 통하여 야곱을 "지렁이같은 야곱"이라 부르시었습니다.(개혁한글 이사야 41장 14절) 지렁이같은 버러지에게는 잔꾀를 부릴만한 뇌가 없습니다. 거짓으로 남을 속일만한 지능이 없습니다. 남을 물어뜯을 강력한 이빨도 없습니다. 남에게 생체기를 낼만한 강한 발이나 손이 있는 것도 아닙니다. 할 수 있는 것이라고는 밟으면 꿈틀거리는 것 외에는 할 수 있는 것이 없습니다.

외삼촌 라반은 야속할 정도로 오직 흰 양과 오직 검은 염소만을 야곱에게 주어 치도록 하였습니다. 이는 야곱에게 돌아갈 몫이 거의 없는 상태이며, 희망이 보이지 않는 상황입니다. 이런 상황에서 야곱이 취한 행동은 오로지 '지렁이의 몸부림'에 불과한 것이었습니다.

야곱이 라헬과 레아를 불러 그들에게 이렇게 말합니다.

> 야곱이 보내어 라헬과 레아를 자기 양떼 있는 들로 불러다가 그들에게 이르되 내가 그대들의 아버지의 안색을 본즉 내게 대하여 전과 같지 아니하도다 그러할지라도 내 아버지의 하나님은 나와 함께 계셨느니라 그대들도 알거니와 내가 힘을 다하여 그대들의 아버지를 섬겼거늘 그대들의 아버지가 나를 속여 품삯을 열번이나 변경하였느니라 (창세기 31:4~7)

계속하여 야곱을 속이며, 정해진 품삯을 열 번이나 계속하여 변경하면서까지, 결코 야곱에게 품삯을 주지 않으려는 외삼촌에 대하여 야곱이 할 수 있는 아무 것도 없었습니다. 그저 꿈틀거리는 행위 밖에는 아무 것도 할 수 있는 것이 없었습니다.

그저 단순하게 당시에 널리 알려져 있던 민간 방법이랄까?
한 가닥 희망을 안고 이렇게라도 해 볼 수밖에 없는 야곱의 처지를 하나님은 아시었습니다. 그리고 하나님은 야곱과 함께 하시었습니다.

하나님은 야곱의 이러한 마음을 이렇게 위로 하시었습니다.

꿈에 하나님의 사자가 내게 말씀하시기를 야곱아 하기로 내
가 대답하기를 여기 있나이다 하매 가라사대 네 눈을 들어
보라 양떼를 탄 수양은 다 얼룩무늬 있는 것, 점 있는 것, 아
롱진 것이니라 라반이 네게 행한 모든 것을 내가 보았노라
(창세기 31:11~12)

하나님이 이르시기를 너의 외삼촌 라반이 너에게 행한 악한 일
(야곱을 속여 품삯을 열 번이나 바꾸며 변경한 일)을 보았으므로 내
가 라반의 짐승을 빼앗아 네게 주었느니라.

야곱이 교활하게 악한 방법을 사용하여 외삼촌의 것을 빼앗은 것
이 아니라, 하나님께서 라반의 악함을 보시고, 양들이 새끼를 낳을
때에 얼룩무늬 있는 것, 아롱진 것, 점있는 것, 이런 새끼들이 낳도
록 섭리 하시어서 야곱에게 정당한 몫을 주셨다는 것입니다.

하나님이 이렇게 야곱과 언약하신대로 그가 하는 일마다 함께하
심으로 복되게 하시어 마침내 야곱으로 하여금 거부가 되게 하시
었습니다. 하나님이 복주시기로 작정한 자의 복을 막을 수 있는 자
는 이 세상에는 존재하지 않습니다.

연약한 지렁이의 몸부림과 같은 야곱의 행위에도 하나님은 관심을 기울이시며, 그와 함께 하시며, 야곱에게 복이 되도록 도와 주시었습니다. 이는 하나님께서 야곱을 향하여 언약하신 대로 야곱과 그 자손들로 인하여 땅의 모든 족속이 복을 받게 하시기 위함이었습니다.

야곱에게 임한 이러한 복이, 이러한 여호와의 복이, 여러분에게도 임하시어서 만민이 여러분으로 인하여 복을 받는 놀라운 은혜가 있기를 바랍니다.

고향을 향하여
떠나는 야곱

하나님의 말씀에 순종하여

고향을 향하여 가는 야곱에게

하나님은 당신의 사자들을

보내시었습니다. 야곱이 하나님의 사자들을 보았을 때,

야곱은 그들에게서 하나님의

군대를 본 것입니다. 하나님은 야곱을 위하여

하늘의 군대를 보내어 그를 위하여

싸워 주실 것을 야곱으로 알게 하신 것입니다.

제7장
고향을 향하여
떠나는 야곱

야곱의 고향 길

외삼촌 라반의 집을 떠나 고향 길을 향하여 가는 야곱의 발걸음
은 때로 자신의 이익을 취하고 도망하는 발걸음으로 회자되곤 합
니다. 심지어는 야반도주자라는 불명예스러운 이야기까지 하는 소
리도 들었습니다. 그러나 야곱이 외삼촌 라반의 집을 떠나 고향으
로 향하여 가는 길은 외삼촌 라반과 그 아들들을 피하여 도망하는
도망자의 길이 아니라, 하나님의 말씀에 따라 떠나는 순종의 길이
었습니다.

벧엘 광야에서 야곱에게 나타나시어 "내가 너와 함께 있어 네가
어디로 가든지 너를 지키며 너를 이끌어 이 땅으로 돌아오게 할지
라. 내가 네게 허락한 것을 다 이루기까지 너를 떠나지 아니하리
라." 약속하신 하나님께서 야곱에게 나타나시어 이르시기를 "야곱

아, 일어나 네 조상의 땅 네 족속에게로 돌아가라 내가 너와 함께 있으리라." 말씀하시었고, 이에 순종하여 야곱은 하나님이 이끄시는 대로 고향을 향하여 나아가는 것입니다.

언약하시며, 언약하신 바를 반드시 실행하시는 하나님은 그 언약대로 야곱과 함께 하시었습니다. 그러기에 야곱의 모든 형편과 사정을 아시는 하나님은 야곱으로 하여금 외삼촌 라반의 집을 떠나 고향으로 가라 하신 것입니다. 이것은 외삼촌 라반의 집을 떠나 고향을 향하여 가는 길이 도망자의 길이 아니라, 순종의 길이라는 사실을 보여주는 것입니다.

믿는 자의 길은 순종함의 길입니다.
그 일로 인하여 어떤 오해를 사든지, 어떤 욕을 먹든지, 그것은 일반적인 세상 사람들의 판단에 맡겨두고 믿는 자는 하나님께 순종함의 길로 나아가야 됩니다.

"지금 일어나 이곳을 떠나서 네 출생지로 돌아가라."
이 말씀은 하나님께서 야곱의 꿈에 현몽하여 말씀하신 것입니다.
야곱은 지체하지 아니하고 가족과 자신의 짐승들을 이끌고 20여 년 동안 함께 생활했던 외삼촌 라반의 집을 떠나 그의 본 고향으로 돌아가게 됩니다.

마태복음 2장 19절 이하의 말씀을 볼 때에 , 아기 예수도 헤롯의 박해를 피하여 천사의 지시대로, 애굽으로 피신했다가, 헤롯이 죽은 후에 다시 이스라엘 땅으로 돌아가라는 주의 사자의 지시함을 받고 고향으로 돌아왔던 것입니다.

야곱도 부모님의 말씀에 순종하여 밧단 아람에 있는 외삼촌 라반의 집으로 가서 20여년 동안 살다가 이제 하나님의 지시하심을 받고 그의 고향으로 돌아가게 된 역사적인, 이 두 가지 사건을 잠시 비교하여 생각 해 볼 때에, 야곱이 외삼촌 집으로 피신했다가 고향을 향하여 나아가는 역사적 한 과정이 2천년 전 아기 예수의 출생, 성장 과정의 일부, 한 단면을 오늘날 우리에게 비교하여 예시하여 주는 말씀이라고 생각합니다.

주의 사자가 요셉에게 현몽하여 이르기를 "아기와 그의 어머니를 데리고 애굽으로 피하여 내가 네게 이르기까지 거기 있으라." 하심은 아기 예수의 생명을 보호하시고자 함이었으며, 또한 아기 예수의 생명을 헤하려 하는 자들이 죽었으므로 이제 일어나 애굽을 떠나 고향으로 돌아가라 지시하시어서 하나님의 섭리가 이루어진 것처럼, 어머니 리브가의 뜻에 따라 야곱의 생명을 보호하기 위하여 외삼촌 라반의 집으로 보내어졌으며, "이제 일어나 이곳을 떠나서 네 출생지로 돌아가라" 지시하심은 하나님께서 친히 택하신 야곱을 외삼촌 라반과 그의 아들들의 손에서 건지시고자 하시는 하나님의 섭리였습니다.

이같은 사건이 어찌하여 야곱이 교활하여 외삼촌의 소유를 다 빼앗아 거부가 되었으며, 이제는 목숨을 위하여 도망치는 자로 가르쳐져야 하는지요?

이것은 외삼촌 라반과 그의 아들들의 생각(세상사람들)의 생각이지 결코 하나님의 생각은 아닙니다. 우리 믿는 자는 세상 사람들의 생각을 나의 생각으로 받아 들여서는 안됩니다.

우리 믿는 자는 먼저 하나님의 생각을 물어야 합니다.
하나님의 판단을 물어야 합니다.
하나님의 뜻을 물어야 합니다. 그리고 하나님의 말씀을 들어야 합니다. 하나님은 외삼촌 라반의 집에서의 야곱의 모든 행위를 가르쳐 의롭다 하십니다.

가장 가까이에서 야곱을 지켜본 야곱의 아내들, 라헬과 레아도, (이들은 사실 라반의 딸들이지만), 자기 아버지 라반을 향한 야곱의 행위가 결코 악하지 않았으며, 신실하고 진실하였음을 인정하였습니다.

라헬과 레아가 그에게 대답하여 가로되 우리가 우리 아버지 집에서 무슨 분깃이나 유업이나 있으리요 아버지가 우리를 팔고우리의 돈을 다 먹었으니 아버지가 우리를 외인으로 여기는 것이 아닌가 하나님이 우리 아버지에게서 취하신 재물은 우리와 우리 자식의 것이니 이제 하나님이 당신에게 이르신 일을 다 준행하라 (창세기 31:14~16)

하나님이 야곱의 생명을 지켜주시다

외삼촌 라반은 야곱이 자기에게 속한 모든 가족과 짐승들을 이끌고 고향을 향하여 떠났다는 이야기를 듣고 자기의 자녀들을 이끌고 야곱을 뒤 쫓아 왔습니다. 그러나 그가 야곱에게 손을 대지 않은 것은 이미 하나님께서 라반에게 현몽하시어 야곱에게 손을 대어 그의 목숨을 빼앗지 말며, 선악 간에 말하지 말라 명하시었기 때문이었습니다.

라반을 향한 하나님의 명령은 네가 야곱에게 선 악간에 따질 자격이 없다는 말입니다. 다시 부언하여, 말씀을 드린다면 야곱은 선하다는 말입니다. 너에게 야곱이 거짓을 행한 일이 없으며, 악을 행하지 않았다는, 신실하신 하나님의 명령이었습니다.

외삼촌을 향한 야곱의 당당함을 들어 보세요!

"내가 이 이십년에 외삼촌과 함께 하였거니와 외삼촌의 암양들이나 암염소들이 낙태하지 아니하였고 또 외삼촌의 양떼의 수양을 내가 먹지 아니하였으며 물려 찢긴 것은 내가 외삼촌에게로 가져가지 아니하고 스스로 그것을 보충하였으며 낮에 도적을 맞았든지 밤에 도적을 맞았든지 내가 외삼촌에게 물어 내었으며 내가 이와 같이 낮에는 더위를 무릅쓰고 밤에는 추위를 당하며 눈붙일 겨를도 없이 지내었나이다 내가 외삼촌의 집에 거한 이 이십년에 외삼촌의 두 딸을 위하여 십 사년, 외삼촌의 양떼를 위하여 육년을 외삼촌을 봉사하였거니와 외삼촌께서 내 품값을 열번이나 변경하셨으니 우리 아버지의 하나님, 아브라함의 하나님 곧 이삭의 경외하는 이가 나와 함께 계시지 아니하셨더면 외삼촌께서 이제 나를 공수로 돌려 보내셨으리이다 마는 하나님이 나의 고난과 내 손의 수고를 감찰하시고 어제 밤에 외삼촌을 책망하셨나이다." (창세기 31:38~42)

세상을 향해서 오늘날 우리 신앙인들도 야곱과 같은 삶을 통하여 담대해져야 됩니다. 야곱이 외삼촌 라반에 대하여 행한 일이 하나님 앞에서나 사람들 앞에서도 떳떳하다는 말입니다.

야곱은 라반을 향하여 하나님께서 나의 의로움을 인정하시었기에 밤에 당신에게 현몽하시어 나를 해할 능력이 당신에게 있으나 나를 해하지 못하도록 하시었나이다라고 말하고 도리어 라반을 책망합니다.

도리어 화친을 구하는 라반

야곱의 주장하는 말에 대답할 말을 잃은 라반은 야곱을 고향으로 떠나 보내기에 앞서 야곱에게 서로 간에 헤치지 않을 것을 제안합니다. 이에 야곱과 라반의 아들들이 돌을 가져와 돌무더기를 만들어 서로 헤치지 않을 것을 맹세하기에 이릅니다.

하나님은 야곱의 생명을 지켜주실 뿐만이 아니라, 야곱의 존재감을 높여주시었습니다. 지금 야곱에게는 외삼촌 라반과 그의 아들들을 대적할 수 있는 힘이 전혀없습니다. 야곱에게는 힘없는 처자식들과 짐승들 뿐입니다. 그럼에도 불구하고 도리어 힘 있는 외삼촌 라반이 야곱을 향하여 화친을 구하며 서로 헤치지 말자고 맹세하도록 요구합니다.

왜 이런 제안까지 외삼촌 라반이 조카인 야곱에게 해야만 했을까요?

여기에는 그만한 이유가 있습니다.

외삼촌 라반의 집에서 보내는 동안 야곱의 향한 외삼촌 라반의 행위가 악하였다는 증거입니다. 수많은 세월 노동력을 착취당하였으며, 정당한 품삯을 주지 않으려고 수없이 많은 거짓말을 하였습니다. 그 동안의 일에 대하여 야곱이 보복을 할까 두려워 이같이 화친을 청한 것입니다.

하나님께서 야곱을 원수들 앞에서 높이셨습니다.
여호와는 나의 목자가 되사 나를 의의 길로 인도하시며 내 원수의 목전에서 내게 상을 베푸시나이다 하고 고백한 시편 기자의 고백처럼 하나님은 야곱을 높이시며 영화롭게 하신 것입니다.

이것은 야곱을 위하여 원수 앞에서 상을 베푸시는 하나님의 역사하심입니다. 거짓으로 악을 행하고, 다른 사람의 마음에 상처를 주고, 도망하는 자에게는 결코 하나님의 축복이 임재 할 수 없는 것입니다. 그렇기 때문에 고향을 향하는 야곱의 발걸음은 도망자의 길이 아닌 하나님의 말씀에 의지하여 행하는 순종의 길이었고, 또한 축복이 되는 길이었습니다.

하나님의 군대, 마하나임

하나님의 말씀에 순종하여 고향을 향하여 가는 야곱에게 하나님은 당신의 사자들을 보내시었습니다. 야곱이 하나님의 사자들을 보았을 때, 야곱은 그들에게서 하나님이 군대를 본 것입니다. 하나님은 야곱을 위하여 하늘의 군대를 보내어 그를 위하여 싸워 주실 것을 야곱으로 알게 하신 것입니다.

야곱은 알지 못하였으나 하나님은 예지 하셨기 때문에, 야곱은 보지 못하였으나 하나님은 보시고, 야곱을 위하여 천군을 보내신 것입니다. 야곱이 고향을 향하여 오고 있다는 소식을 들은 에서가 야곱이 고향집에 이르기 전에 칼을 든 사백명의 장정을 거느리고 달려오고 있었던 것입니다. 하나님은 이를 보고 계시었기에 이와 같이 하늘의 군대를 보내어 야곱을 지키고 있다는 것을 확신시켜 주신 것입니다.

두려워 하는 야곱

야곱이 사람을 보내어 형 에서의 긍휼을 구하였으나 그들이 돌아와 도리어 형 에서가 칼을 든 사백명의 장정을 이끌고 자신을 향하여 온다는 이야기를 전하여 들은 야곱은 어찌할 바를 모르고 심히 두려워 떱니다. 야곱이 심히 두렵고 답답하여 서둘러 형 에서를 위하여 예물을 준비하되, 자기와 함께 한 종자와 양과 소와 약대를 두 떼로 나누고, 이르기를 에서가 와서 한 떼를 치면 남은 한 떼는 피하리라 생각하였습니다.

세상에 대한 두려움이 크면 믿음을 잃습니다. 두려움 보다 크신 하나님을 보아야 합니다. 이미 하나님은 야곱에게 하늘의 군대(마하나임)가 함께 함을 보여 주시었습니다. 에서의 군대를 물리쳐 주시겠다는 암시인 것입니다.

두려움이 우리 마음을 지배하면 하나님의 언약의 말씀도 생각나지 않습니다. 나는 벧엘의 하나님이라 하시며 너는 지금 일어나 이곳을 떠나서 네 고향, 네 출생지로 돌아가라 하신 하나님은 벧엘에서 이미 언약하시었습니다.

> 내가 너와 함께 있어 네가 어디로 가든지 너를 지키며 너를 이끌어 이 땅으로 돌아오게 할지라 내가 네게 허락한 것을 다 이루기까지 너를 떠나지 아니하리라. (창세기 28:15)

> 두려워 말라 내가 너와 함께 함이니라 놀라지 말라 나는 네 하나님이 됨이니라 내가 너를 굳세게 하리라 참으로 너를 도와 주리라 참으로 나의 의로운 오른손으로 너를 붙들리라 (이사야 41:10)

두려움은 믿는 자에게 최대의 적입니다.
두려움은, 우리의 생각을 막아 하나님의 언약의 말씀도 생각나지 않게 합니다. 그러므로 하나님은 우리 믿는 자에게 끊임없이 두려워하지 말라고 하십니다.

참새 두 마리가 한 앗사리온에 팔리는 것이 아니냐 그러나 너희 아버지께서 허락지 아니하시면 그 하나라도 땅에 떨어지지 아니하리라 너희에게는 머리털까지 다 세신 바 되었나니 너희는 많은 참새보다 귀하니라 그러니 두려워하지 말라. (마태복음 10:29~31)

바다 위를 걸어오시는 예수님을 본 제자들이 놀라 유령이라 하며, 두려워 무서워하며 소리 지르는 것을 보시고 예수께서 즉시 일러 가라사대 안심하라 내니 두려워말라 하시었습니다.

하나님은 모든 믿는 자에게 두려워하지 말고 도리어 담대하여 세상을 이겨야 할것을 주문하시었습니다.

여기서 우리가 생각하여야 할 것은, 두려워하는 것은 우리의 연약함을 나타내는 것이지 두려움 그 자체가 우리의 악함이나 교활함은 아닙니다. 하나님의 축복의 언약이 있고, 함께 하시며, 지켜주시고, 반드시 고향집으로 이끌어 주시겠다는 언약이 있고, '마하나임', 하나님의 군대가 함께 하심을 보았음에도 야곱은 에서를 두려워 했습니다.

실제로 야곱은 에서를 두려워 한 나머지 가족과 동행하는 자들과 짐승들을 버리고 혼자만 살아 보겠다고 몸부림치는 비굴한 모습도 보게 됩니다. 여기서 우리는 야곱이 얼마나 나약한 인생인가를 알게 됩니다. 이 두려워 하는 모습으로 야곱의 악함이나 교활하다거나, 남을 속이며, 거짓을 일삼는 자라고 표현되어서는 결코 안됩니다. 이것을 우리는 분명하게 구별하는 힘을 길러야 하겠습니다.

하나님은 악한 자를 돕지 않습니다.

교활한 자를 기뻐하지 아니하십니다. 하나님은 거짓을 일삼는 자를 가까이 하지 아니하시며 멀리 하십니다. 그러나 연약한 자, 부족한 자, 두려워 떠는 자를 찾아오시어 그에게 힘을 주시며, 붙들어 주시며, 위로해 주십니다. 야곱은 당시에 자기가 거느린 모든 가족과 짐승들로 얍복 나루를 먼저 건너가게 하고 자기는 형, 에서가 무서워서 홀로 남아 있었습니다. 이 때에 하나님은 야곱을 찾아주시었습니다.

하나님을 믿는 우리는 우리가 곤경에 처해 있을 때에도 우리 앞에, 우리와 함께 계시는 하나님이 되심을 확실하게 믿는 담대한 신앙인이 되시기를 바랍니다. 우리의 앞길에 무슨 일이 있을 런지 우리는 모릅니다. 다만 우리는 믿는 자는 하나님의 말씀에 의지하여 순종의 길로 나아가야만 합니다.

하나님의 눈으로 본 야곱, 그는 이스라엘이었다

야곱을 찾아오신 하나님

하나님께서 우리에게 찾아와 주시며,
또한 자신을 계시하여 주심이 바로 은혜요,
축복이요, 구원의 섭리하심입니다.
성경의 말씀 중에서 복된 말씀을 찾는다면,
그것은 바로 "내가 너를 만나 주리라."고 하시는 말씀입니다.

제8장
야곱을 찾아오신 하나님

　이제부터는 야곱의 얍복 나룻터에서 일어난 사건을 중심으로 하여, 오늘날 우리들에게 주시는 교훈의 말씀을 드리도록 하겠습니다.

　야곱은 모든 처, 자식들과 거느리는 식솔들과 짐승들을 먼저 보내어 얍복 나룻터를 건너게 하고 자신은 아직 건너가지 않고 남아 어찌할바를 몰라 고민하고 있을 때에, 어떤 사람이 야곱에게 찾아왔다 하였습니다. 어떤 사람과의 관계 속에서 이루어진 모든 일들이 끝난 후에 야곱은 '브니엘'이라 하여 "내가 하나님의 얼굴을 보았으나 생명이 보존 되었다." 하여 그 어떤 사람을 "하나님"이라 칭하였습니다.

찾아와 주신 하나님

　얍복 나룻터에서 이루어진 사건 중에서 가장 먼저 다루어야 할 중요한 내용은 하나님께서 친히 야곱에게 찾아와 주셨다는 말씀입니다.

우리의 참된 신앙은 어디에서부터 시작되어지나요?

그 신앙은 우리 각자에게 찾아와 주시는 하나님의 섭리하심으로부터 이루어집니다. 하나님께서 인생을 찾아와 주시지 않는다면, 또한 찾아와 주시어서 자신을 우리에게 계시하여 주시지 않는다면, 인생이 스스로는 하나님을 결코 알 수 없기 때문입니다. 그러므로 은혜 중의 은혜는 하나님께서 먼저 우리에게 찾아와 주심이라고 말 할 수 있습니다.

만일 하나님께서 우리에게 찾아와 주시지 않고, 하나님께서 친히 자신을 계시하여 주시지 않았는데, 인생이 스스로가 하나님을 찾게 된다면, 참된 하나님이 아닌, [다른 신]인 우상을 섬기게 될 수도 있다는 말입니다. 왜냐하면 인생의 짧은 지식으로 온 우주에 충만하신 하나님의 영광과 그 섭리하심을 다 알 수 없기 때문입니다.

하나님을 알되 하나님으로 영화롭게도 아니하며 감사치도 아니하고 오히려 그 생각이 허망하여지며 미련한 마음이 어두워졌나니 스스로 지혜 있다 하나 우준하게 되어 썩어지지 아니하는 하나님의 영광을 썩어질 사람과 금수와 버러지 형상의 우상으로 바꾸었느니라 (로마서 1:21~23)

"하나님을 알되...."라는 말씀은 모든 사람의 심령에는 "신적인 존재"에 대한 의식이 있다는 말입니다. 이러한 신적 존재에 대한 의식을 가지고 있는 사람의 심령에 하나님께서 찾아와 주시어 자신을 계시하여 주시지 않는다면, 결국은 하나님의 영광을 썩어질 사람과 금수와 버러지 형상의 우상으로 바꾸어 섬기게 된다는 말씀입니다.

그러므로 하나님께서 우리에게 찾아와 주시며, 또한 자신을 계시하여 주심이 바로 은혜요, 축복이요, 구원의 섭리하심이라고 말할 수 있습니다. 성경의 말씀 중에서 복된 말씀을 찾는다면, 그것은 바로 "내가 너를 만나 주리라."고 하시는 말씀입니다.

> 나 여호와가 말하노라 너희를 향한 나의 생각은 내가 아나니 재앙이 아니라 곧 평안이요 너희 장래에 소망을 주려하는 생각이라 너희는 내게 부르짖으며 와서 내게 기도하면 내가 너희를 들을 것이요 너희가 전심으로 나를 찾고 찾으면 나를 만나리라 (예레미야 29:11~13)

야곱은 참으로 은혜의 사람이요, 축복의 사람이라고 말 할 수 있습니다. 그가 행하는 모든 사역에 하나님께서 친히 섭리하심을 통해서 야곱에게 찾아와 주셨고, 영원한 생명이 되시는 언약의 말씀을 주셨습니다.

벧엘 광야에서 야곱을 찾아와 외로움에 처하여 있는 그에게 위로의 말씀과 축복된 언약의 말씀을 주셨습니다. 외삼촌의 양떼를 기르는 야곱을 찾아와 주시어 외삼촌 라반이 열 번이나 약속을 변경하면서 주지 않던 그의 품삯을 돌려주도록 역사하셨습니다.

야곱을 찾으시어 "지금 일어나 고향을 향하여 가라."하시며, 망설이는 야곱을 독려하시었고, 또한 야곱이 하나님의 말씀에 의지하여 아버지 이삭이 살고 있던 고향을 향하여 돌아가는 그 길에서도 하나님의 군대(마하나임)를 보내어 힘과 용기를 주셨습니다.

이제는 형 에서가 두려워 감히 얍복 나루를 건너지 못하고, 얍복 나룻터에서 어찌 할 바를 모르며 두려움으로 떨고 있는 야곱을 하나님께서 찾아와 주셨습니다.

야곱이 누구이기에, 하나님께서 이렇게 친히 찾아와 주셨을까요!

택함을 입은 자

무엇보다도 야곱은 하나님의 택하심을 입은 자 이었기에 찾아와 주셨습니다.

하나님께서는 야곱을 모태로부터 택하시고 축복하시겠다고 말씀 하셨습니다.

야곱아 너를 창조하신 여호와께서 이제 말씀하시느니라 이 스라엘아 너를 조성하신 자가 이제 말씀하시느니라 너는 두 려워 말라 내가 너를 구속하였고 내가 너를 지명하여 불렀나 니 너는 내 것이라 (이사야 43:1)

나의 종 야곱, 나의 택한 이스라엘아 이제 들으라 너를 지으 며 너를 모태에서 조성하고 너를 도와줄 여호와가 말하노라 나의 종 야곱, 나의 택한 여수룬아 두려워 말라 대저 내가 갈 한 자에게 물을 주며 마른 땅에 시내가 흐르게 하며 나의 신 을 네 자손에게, 나의 복을 네 후손에게 내리리니 그들이 풀 가운데서 솟아나기를 시냇가의 버들 같이 할 것이라 (이사 야 44:1~4)

바울은 그의 서신 로마서에서 하나님의 역사하심을 이렇게 기 록하고 있습니다.

또 미리 정하신 그들을 또한 부르시고 부르신 그들을 또한 의롭다 하시고 의롭다 하신 그들을 또한 영화롭게 하셨느니 라 (로마서 8:30)

하나님께서는 위의 말씀과 같이 '미리 정하신 자[야곱]'을 부르 신다 하셨고 그 야곱을 부르시어서 축복의 사람으로 미리 정하셨습니다.

또한 그를 모태로부터 정하셨다고 하셨지요. 이렇게 하나님께서 야곱을 친히 찾게 되심은 하나님의 미리 정하심이 있었기 때문입니다.

또한 다윗과 관련된 아래의 말씀을 통해서 볼 때에도, 다윗 역시 야곱처럼, 하나님의 미리 정하심에 대하여 감사하며 하나님을 찬양하였습니다.

> 내가 모태에서부터 주의 붙드신 바 되었으며 내 어미 배에서 주의 취하여 내신바 되었사오니 나는 항상 주를 찬송하리이다 (시 71:6)

하나님의 사람, 다윗 역시, 모태로부터 정하시었고, 모태로부터 붙드시었고, 모태로부터 취하시었기에 하나님은 다윗을 통하여 당신의 뜻을 다 이루리라 하시며, 다윗을 찾으시고, 함께 하시며, 또한 그를 위하여 싸워 주시고, 축복해 주셨습니다.

그렇습니다.

야곱이야말로 진정 모태로부터 축복의 사람으로 정하셨습니다. 그렇기 때문에 이러한 위기의 순간, 고난의 순간에 하나님께서 친히 택하신 그 야곱을 찾아와 주신 것입니다.

언약의 말씀이 있는 자

하나님께서 야곱을 찾아와 주심은, 그에게는 하나님의 언약의 말씀이 있었기 때문입니다.

> 또 본즉 여호와께서 그 위에 서서 가라사대 나는 여호와니 너의 조부 아브라함의 하나님이요 이삭의 하나님이라 너 누운 땅을 내가 너와 네 자손에게 주리니 네 자손이 땅의 티끌 같이 되어서 동서남북에 편만 할지며 땅의 모든 족속이 너와 네 자손을 인하여 복을 얻으리라 내가 너와 함께 있어 네가 어디로 가든지 너를 지키며 너를 이끌어 이 땅으로 돌아오게 할지라 내가 네게 허락한 것을 다 이루기까지 너를 떠나지 아니하리라 하신지라 (창세기 28:13~15)

벧엘 광야에서 언약의 말씀을 하나님이 친히 야곱에게 허락하셨기 때문에, 그 언약의 말씀이 머물러 있는 그에게 하나님은 찾아와 주신 것입니다.

하나님은 당신의 언약하신 말씀이 머물러 있는 자에게는 그 언약을 이루시기 위하여 반드시 찾아와 주시는 것입니다. 그렇기 때문에 우리가 하나님의 말씀을 마음에 올바로 새기고 주신 말씀을 [믿음으로 아멘하여] 하나님께 영광을 돌리게 된다면 하나님께서는 반드시 그와 함께 하시며 환난 날에 또한 그 백성을 보호해 주시는 여호와 하나님이십니다.

하늘의 것을 사모하는 자

야곱은 일생을 살아가는 가운데 하늘의 것과, 신령한 모든 것을, 하나님의 축복을 사모하는 믿음의 열정이 있었습니다. 어미 뱃속에서의 다툼이 이것을 말하며, 팥죽 한 그릇으로 장자의 명분을 형 에서로부터 산 그 사건이 증명하고 있다고 말 할 수 있습니다.

여러분들이여!
하늘의 것을 사모하십시오. 신령한 것을 갈망하십시오.
또한 그의 모든 것을 구하십시오.
그리하면 하나님께서는 여러분들에게 찾아와 주실 것이며, 신령한 만나로 우리에게 축복하실 것입니다.

> 그러므로 너희가 그리스도와 함께 다시 살리심을 받았으면 위엣 것을 찾으라 거기는 그리스도께서 하나님 우편에 앉아 계시느니라 위엣 것을 생각하고 땅엣 것을 생각지 말라 (골로새서 3:1~2)

야곱의 삶이 위엣 것을 찾으며, 구하는 삶이었기에 하나님께서는 그를 찾아와 주시었으며, 얍복 나룻터에서 고민하며 두려움에 떨고 있을 때에도 찾아와 주신 것입니다.

예배가 있는 자

야곱은 조용한 사람이었기에 장막을 떠나지 아니하고, 장막에 거하는 삶을 살았다 하였습니다. 이 말의 의미는 야곱은 하나님께서 보시기에 참된 예배의 사람이기도 하였다는 말입니다.

요한복음 4장 23절 이하의 말씀을 볼 때에, 예수님께서는 신령과 진정으로 예배하는 자를 찾으십니다. 참 예배에 목말라 하는 자를 찾으십니다.

당시에 유대인이라면 결코 사마리아 땅을 지나기를 꺼려합니다. 그래서 아무리 먼 곳이라도 사마리아 땅을 돌아서 가기도 했다 합니다. 그럼에도 불구하고 예수님께서는 사마리아 땅으로 가고자 하셨습니다. 제자들은 의아해 하였으나, 예수님을 따라서 사마리아 땅을 지나게 되었는데 그 곳의 한 우물가에서 한 사마리아 여인을 만났습니다. 예수님은 왜 사마리아 땅으로 굳이 가시었으며, 또 모든 유대인들이 싫어하는 사마리아 여인을 만나주셨을까요?

우리는 우물곁에서 예수님께서 사마리아 여인과의 대화하심을 통하여 그 이유를 발견할 수 있게 됩니다.

"여인이여, 나에게 마실 물을 좀 주시오."

"당신은 유대인으로서 어찌하여 사마리아 여자 나에게 물을 달라 하나이까?"

"네가 만일 하나님의 선물과 또 네게 물 좀 달라 하는 이가 누구인 줄 알았더면 네가 그에게 구하였을 것이요 그가 생수를 네게 주었으리라."

"주여 물길을 그릇도 없고 이 우물은 깊은데 어디서 이 생수를 얻겠삽나이까?

우리 조상 야곱이 이 우물을 우리에게 주었고 또 여기서 자기와 자기 아들들과 짐승이 다 먹었으니 당신이 야곱보다 더 크니이까?"

"이 물을 먹는 자마다 다시 목마르려니와 내가 주는 물을 먹는 자는 영원히 목마르지 아니하리니 나의 주는 물은 그 속에서 영생하도록 솟아나는 샘물이 되리라."

"주여 이런 물을 내게 주사 목마르지도 않고 또 여기 물 길러 오지도 않게 하소서."

"가서 네 남편을 불러 오라."

"나는 남편이 없나이다."

"네가 남편이 없다 하는 말이 옳도다. 네가 남편 다섯이 있었으나 지금 있는 자는 네 남편이 아니니 네 말이 참되도다."

"주여 내가 보니 선지자로소이다. 우리 조상들은 이 산에서 예배하였는데 당신들의 말은 예배할 곳이 예루살렘에 있다 하더이다."

"여자여 내 말을 믿으라. 이 산에서도 말고 예루살렘에서도 말고 너희가 아버지께 예배할 때가 이르리라. 너희는 알지 못하는 것을 예배하고 우리는 아는 것을 예배하노니 이는 구원이 유대인에게서 남이니라. 아버지께 참으로 예배하는 자들은 신령과 진정으로 예배할 때가 오나니 곧 이 때라 아버지께서는 이렇게 자기에게 예배하는 자들을 찾으시느니라 하나님은 영이시니 예배하는 자가 신령과 진정으로 예배할지니라."

"메시야 곧 그리스도라 하는 이가 오실 줄을 내가 아노니 그가 오시면 모든 것을 우리에게 고하시리이다."

"네게 말하는 내가 그로라."

자! 보세요,

예수님와 사마리아 여인과의 사이에서 나눈 대화를 통하여 우리가 알 수 있는 것은 무엇일까요? 또한 예수님께서는 왜, 아무도 찾지 않는 한 낮의 우물가에서, 사마리아 여인을 만나서 말씀을 나누셨나요?

사마리아 여인에게는, [신령과 진정한]예배에 대한 갈증이 있었기 때문입니다. 그렇기 때문에 예수님께서는 이 사마리아 여인에게 지금까지 제자들에게도 가르치지 않았던 참된 예배에 대하여 교훈해 주셨습니다. 무엇보다도 더욱 우리를 놀라게 하는 것은 "자신이 메시야"임을 친히 밝히셨다는 사실입니다.

예수님께서 친히 사마리아 여인에게 찾아와 주심으로 그 사마리아 여인은 자기의 내면적인 삶의 많은 문제를 해결받게 되었습니다.

결론적인 말씀을 드리자면

오늘날에도 참 예배가 있는 그곳에 주님께서는 찾아와 주십니다.
얼마나 기뻐했으면 물동이까지 버려두고 마을을 향하여 달려가 "그리스도"를 전파하였을까요?

들[광야]의 사람이 되어 밖으로 뛰어 다니는 에서와는 다르게, 야곱은 장막에 거하는 예배의 사람이었기에 하나님께서는 야곱을 찾아와 주셨습니다.

오늘날 우리들의 신앙도 야곱의 신앙을 본받아서 우리의 신앙의 모습이 이와 같아지기를 바랍니다.

나는 하나님이 찾아주시기에 합당한 사람인가?

나는 택함의 은총은 있는가?

나는 언약의 말씀을 강하게 붙들고 있는가?

나의 심령은 하늘의 것을 사모하는가?

나는 참으로 신령과 진정으로 예배하는 자인가?

우리의 믿음이 이에 합당하다면 어제에 야곱을 찾아주신 하나님은 오늘도 살아계시어서 나를 찾아와 주시며, 나의 앞길을 인도하여 주시고, 또한 지켜 주시며, 나의 주, 나의 하나님이 되실 것을 확신합니다.

일어나 함께 가자

압복 나룻터의 야곱을 찾으신
하나님의 의도는 분명합니다.
이제 일어나 머뭇거리지 말고,
두려워하지도 말고, 당당하게 네 고향,
아비 집으로 가자는 것입니다.
그리하면 내가 너에게 한 언약을 지켜 너와 함께 하여
너를 지키며 너로 무사히
아비 집에 이르게 하겠다는 것입니다.

제9장
일어나 함께 가자

앞서 우리는 얍복 나룻터에 있는 야곱을 찾아주신 하나님에 대하여 생각하여 보았습니다. 이제는 야곱을 찾아주시는 하나님의 목적, 의도, 뜻에 대하여 생각하여 보고자 합니다.

얍복 나룻터까지 야곱을 찾아오셔서 그에게 씨름을 청하시는 하나님의 섭리적인 의도가 무엇이었던가를 생각하며, 우리가 함께 하나님의 은혜를 나누고, 지혜를 얻으며, 믿음의 길을 밝히고자 합니다.

어린 아이라면 자신을 찾아온 부모의 손에 들린 선물 보따리를 받아들고 기뻐할 것입니다. 그러나 성숙한 자녀는 자신을 찾아오신 부모님의 얼굴을 살피며, 왜 찾아오시었나? 하고 부모님의 의중을 살필 것입니다. 이같이 지혜롭고 성숙한 자녀는 찾아오신 부모님의 의도와 뜻이 무엇인지를 살펴보게 되는데 이것이 부모를 섬기는 자식의 올바른 도리일 것입니다.

우리가 하나님을 섬김에 있어서도 이와 같아야 될 것을 사도바울은 그의 서신서에서 다음과 같이 말하고 있습니다.

　　그러므로 형제들아 내가 하나님의 모든 자비하심으로 너희를 권하노니 너희 몸을 하나님이 기뻐하시는 거룩한 산 제사로 드리라 이는 너희의 드릴 영적 예배니라 너희는 이 세대를 본받지 말고 오직 마음을 새롭게 함으로 변화를 받아 하나님의 선하시고 기뻐하시고 온전하신 뜻이 무엇인지 분별하도록 하라 (로마서 12:1~2)

　나를 택하시고, 부르시고 찾으시는 하나님의 목적, 뜻과 의도를 정확하게 알 때에 우리의 섬김이 올바로 되고, 하나님의 참 기쁨이 되며, 우리의 신앙이 승리할 것입니다.

　하나님은 왜 야곱을 찾으셨나요?,
　야곱과 씨름을 하며, 힘겨루기를 하기 위하여 찾으셨을까요?
　당시에 야곱의 심령상태는 어떠했을까요?
　한가하게 씨름이나 하면서 시간을 보낼 처지가 아니었습니다.
　하나님께서는 야곱이 당시에 처해 있었던 그 상황과 심정을 모르셨을까요? 아닙니다! 하나님은 야곱 본인보다도 더 야곱의 심정을 잘 알고 계시는 분이었습니다.

형 에서의 일로 인하여 야곱은 두려움으로 어찌 할 바를 모르고 있을 때입니다. 얍복 나루를 먼저 앞서 건너보낸 가족들에 대한 생각으로 마음이 심히 무겁고, 근심과 걱정으로 숨이 막힐 지경이었을 것입니다. 형 에서의 보복에 대한 두려움, 죽음에 대한 두려움으로 인하여 마음의 고통이 심하였을 것입니다. 오죽 했으면 온 가족과 모든 소유를 먼저 보내고 홀로 남아서 강을 건너지도 못하고 형 에서를 피하여 달아나려고 하였겠습니까!

야곱의 진정 큰 고민은 얍복 나루를 지금이라도 건너가서, 앞서 건너가게 했던 그의 가족과 함께 죽음을 각오하고 형에서를 향하여 앞으로 가야만 하는가, 아니면 이대로 나 혼자만 이라도 다른 길로 도망을 가야 되느냐 하는 중차대한 문제를 앞에 두고 있는 것입니다.

그러니 여기서 우리가 분명히 알 수 있는 것은 하나님께서 야곱을 찾은 이유는 자명합니다. '일어나 함께 가자' 는 것입니다. 이제까지와 같이 온전히 내가 너를 지켜줄테니, 에서를 두려워하지 말고 네 아비 집을 향하여 [나와 함께] 얍복 나루를 건너가자는 것입니다.

왜 고민하며 염려하고 ,걱정하며 괴로워하고, 또한 네 형 에서를 무서워하느냐?

일어나 함께 가자, 내가 너와 함께 하리라.

일어나라, 함께 가자!

하나님께서 야곱을 찾아오신 목적은 그의 발걸음을 돌이켜서 얍복 나룻터를 건너 고향의 아비 집으로 향하여 나아가도록 하시기 위해서 찾아오신 것입니다. 야곱을 아비 집으로 무사히 인도하시겠다는 것은 하나님의 분명한 언약이었습니다.

벧엘의 언약을 기억하시나요?

> 여호와께서 그 위에 서서 가라사대 나는 여호와니 너의 조부 아브라함의 하나님이요 이삭의 하나님이라 너 누운 땅을 내가 너와 네 자손에게 주리니 네 자손이 땅의 티끌 같이 되어서 동서 남북에 편만할지며 땅의 모든 족속이 너와 네 자손을 인하여 복을 얻으리라 내가 너와 함께 있어 네가 어디로 가든지 너를 지키며 너를 이끌어 이 땅으로 돌아오게 할지라 내가 네게 허락한 것을 다 이루기까지 너를 떠나지 아니하리라 하신지라 (창세기 28:13~15)

위의 말씀을 볼 때에도, 여호와 하나님께서 야곱을 축복하시며, 야곱과 함께 하심의 최종 목표는 그의 고향 아비 집으로 돌아오게 하는 것이었지요!

이와같은 하나님의 축복의 언약과 함께 하시며 동행하시겠다는 언약과 반드시 아비 집으로 이끄시겠다는 약속, 그리고 그 언약을 이루실 때까지 결코 야곱을 떠나지 아니하시겠다는 언약에 대하여 야곱은 다음과 같이 응답합니다.

야곱의 서원

야곱이 서원하여 가로되 하나님이 나와 함께 계시사 내가 가는 이 길에서 나를 지키시고 먹을 양식과 입을 옷을 주사 나로 평안히 아비 집으로 돌아가게 하시오면 여호와께서 나의 하나님이 되실 것이요 내가 기둥으로 세운 이 돌이 하나님의 전이 될 것이요 하나님께서 내게 주신 모든 것에서 십분 일을 내가 반드시 하나님께 드리겠나이다 하였더라 (창세기 28:20~22)

이와같이 야곱 자신이 하나님께 서원할 때에도, 그의 궁극적인 목표는 아비 집으로 돌아가는 것이었음을 알 수 있습니다.

보세요!
외삼촌 라반의 미움을 받아 고민하고 있던 그 때에 야곱에게 나타나신 하나님께서 그에게 이렇게 말씀을 하십니다.

"야곱아 일어나 네 조상의 땅 네 족속에게로 돌아가라
내가 너와 함께 있으리라."

그렇기 때문에 야곱은 외삼촌 라반의 집을 떠나 가야할 방향은
그의 고향 "아비 집으로 되돌아 가는 길"이 되었지요

사실이 그렇다면 얍복 나룻터의 야곱을 찾으신 하나님의 의도는
분명합니다. 이제 일어나 머뭇거리지 말고, 두려워하지도 말고, 당
당하게 네 고향, 아비 집으로 가자는 것입니다. 그리하면 내가 너에
게 한 언약을 지켜 너와 함께 하여 너를 지키며 너로 무사히 아비
집에 이르게 하겠다는 것입니다.

"야곱아 너는 어찌하여 여기에 머물러 있느냐?"
"형 에서가 400인을 거느리고 나를 죽이려 오나이다
  그래서 두려워 여기 있나이다."
"내니 두려워 말라. 두려워 말고, 얍복 나루를 건너 네 식솔
  있는 곳으로 가라."
"저는 에서가 너무 너무 두렵습니다."
"내가 함께 하리니 너는 두려워 말라."
"저에게는 에서를 대적할 힘이 없나이다."

"내가 너와 함께하여 너를 도우리라."

"그래도 두렵습니다."

"너에게 행한 나의 언약을 기억하라. 그리고 힘을 내어 나루를 건너라."

"저는 도저히 나루를 건너갈 자신이 없습니다."

"힘을 내라, 용기를 내라, 앞서 너에게 보여준 마하나임의 군대가 네 앞서 행하리라."

"내게는 아직도 튼튼한 다리가 있습니다. 얼마든지 에서를 피하여 도망할 수 있습니다."

"아니다. 내가 너와 함께 하리라. 당당하게 에서를 향하여 앞으로 나아가라."

이것이 바로 얍복나룻터의 씨름 사건입니다.

하나님은 야곱으로 하여금 당당하게 얍복 강을 건너서 아비 집을 향하여 나아가라고 권합니다. 네 눈앞에 다가오는 형 에서를 두려워하지 말고 아비 집을 향하여 당당하게 나아가라고 야곱을 붙들고 강력하게 권합니다.

보세요!

하나님의 사자가 야곱에게 와서, 다자고자 막무가네로 그의 허리채를 붙들고 씨름합니까? 힘겨루기 하자고 말입니다. 결코 그렇지 않았을 것입니다.

하나님은 인격적인 분이십니다.

야곱을 찾으신 하나님은 그를 위로해 주시며, 타이르시며, 회유하십니다.

"야곱아! 얍복 강을 건너라. 내가 너를 지켜 주리니 너를 해칠 자가 결코 없으리라."

"아닙니다. 그래도 저는 형 에서가 두렵습니다."

"괜찮아, 두려워말고, 낙심치 말고, 무서워하지도 말라, 너는 저 얍복 나루를 건너가서 네 가족과 함께 네 고향 아비 집을 향하여 가거라."

"하나님 ! 그래도 저는 눈에 보이는 나의 형 에서가 두렵습니다."

"건너래도!"

"아닙니다, 건널 수 없습니다!"

"내가 너와 함께 한다! 하였으니 함께 건너자!"

"그래도 안 됩니다. 저는 도저히 건널 수 없습니다."

붙들어 이끌고 가려하고, 안 가겠다고 힘써 버티고, 이것이 씨름의 모습으로 비쳐진 것입니다. 붙들고서 건너자 하고, 반면 야곱은 사람의 몸 중에서 가장 단단한 환도뼈 힘줄로 강하게 버티면서 못 건너겠다고 버팁니다.

회유하시는 하나님

하나님은 야곱을 씨름하듯 밤새 어르고 달래며, 회유하여 나루를 건너가자 하십니다.

> 그러므로 내가 저를 개유하여〈타일러 :개역개정판〉 거친 들로 데리고 가서 말로 위로 하고 거기서 비로소 저의 포도원을 저에게 주고 아골 골짜기로 소망의 문을 삼아 주리니 저가 거기서 응대하기를 어렸을 때와 애급 땅에서 올라오던 날과 같이 하리라 (호세아 2:14~15)

상기의 말씀에서 '개유하다'라는 말의 뜻은 '사리를 알아듣도록 잘 타이르다.'라는 의미입니다. 하나님은 호세아 선지자를 통하여 이스라엘 백성에게 행하실 일을 말씀하고 있습니다.

하나님께서는 북 이스라엘이 우상 숭배를 행한 그 행위에 대하여 합당한 징계를 내린 후에 또 다시 그들을 잘 타이르고, 설득하여서 하나님에게로 돌아오도록 하겠다는 말입니다.

얍복 나룻터의 야곱을 찾아오신 하나님은 그를 회유하시고, 개유하시고 계시는 것입니다. 그러나 야곱은 자신의 강한 환도뼈 힘줄을 의지하여 강하게 버팁니다. 밤새도록 버팁니다. 알아듣도록 타

이르고 설득하는 말을 그는 듣지 않았습니다. 할 수 없어 야곱이 의지하고 버티는 그의 환도뼈를 쳐서 그 뼈가 어긋난 후에야 야곱은 하나님 앞에 항복을 하게 되고 도우심의 복을 구합니다.

보세요!
하나님의 설득하심의 그 뜻에 순종하십시오. 이것이 바로 우리가 누릴 수 있는 축복입니다.

나의 생각을 내려놓으십시오.
나의 주장도 내려놓으십시오.
그리고 하나님의 부르심에 아~멘 하십시오.

꿈도, 계획도, 소망까지도, 나의 모든 것은 다 내려놓고, 마지못하여 끌려가는 것처럼이라도 하나님의 손에 이끌려 가십시오. 그리하면 그 후에 이런 고백을 하게 될 것입니다.

"그래, 바로 이것이 축복이로다."

지금 이 순간 주님께서는 우리에게 말씀으로 찾아오시고, 또한 성령님을 통해서 그 말씀을 깨닫게 해 주시며 우리의 모든 삶에 있어서 간섭하시며, 섭리하고 계십니다. 하나님의 말씀에 이끌려 가십시오. 이것이 우리 신앙인에게 누리는 참된 축복입니다.

여기 복있는 자의 고백이 있습니다.

> 이러므로 제자 중에 많이 물러가고 다시 그와 함께 다니지 아니하더라 예수께서 열 두 제자에게 이르시되 너희도 가려느냐 시몬 베드로가 대답하되 주여 영생의 말씀이 계시매 우리가 뉘게로 가오리이까 (요한복음 6:66~68)

생명의 말씀이 주께 있사온데 우리가 뉘게로 가겠습니까? 우리는 주님만을 따르겠습니다. 이 길이 복된 길입니다. 영광의 길입니다. 영생의 길입니다.

당시에 야곱은 밤이 새도록 권고하시는 하나님의 음성을 거절했습니다. 환도뼈 힘줄을 의지하여 강하게 버팁니다. 아닙니다. 나는 건너지 않겠습니다. 나에게는 튼튼한 환도뼈가 있고, 질긴 환도뼈 힘줄이 있습니다. 이것이면 충분합니다. 얼마든지 형 에서를 따돌리며 나는 도망칠 수 있습니다.

결국 하나님께서 야곱이 의지하던 환도뼈를 쳐서 그 뼈가 위골된 후에야, 야곱은 하나님 앞에 백기를 듭니다. 그때에 그는 자기의 모든 소망이 사라지게 됐고, 의지하던 것이 끊어진 후에야 축복하여 주실 것을 간구하고 다리를 절면서 얍복나루를 건너게 됩니다.

참 지혜가 여기 있습니다.

하나님이 나를 찾아와 권고하실 때에, 선뜻 하나님의 뜻에 따르십시오.

이것이 복입니다. 기왕에 건너야만 할 길인데, 내 것을 의지하여 버티다가 환도뼈 부러지지 말고, 주님의 손을 붙잡고 의지하여 따르십시오. 그리하면 반드시 복의 길로 인도 할 것입니다.

> 방백들을 의지하지 말며 도울 힘이 없는 인생도 의지하지 말지니 그 호흡이 끊어지면 흙으로 돌아가서 당일에 그 도모가 소멸하리로다 야곱의 하나님으로 자기 도움을 삼으며 여호와 자기 하나님에게 그 소망을 두는 자는 복이 있도다 (시편 146:3~5)

위의 말씀과 같이 하나님께서 우리에게 찾아오셔서 권고하시는 그 때에, 우리들은 세상 사람들이 살아가는 방법이 아니고 하나님의 뜻을 따라서 신앙생활을 하게 될때에, 야곱이 그의 본향인 아버지의 집으로 돌아 갈 수 있었던 말씀과 같이, 우리신앙인들은 우리의 의지하던 것들을 내려놓고, 주의 손에 이끌리어 순종하여 나아감으로, 우리의 영원한 본향 집, 천국에 이르게 되리라 확신합니다.

하나님의 눈으로 본 야곱, 그는 이스라엘이었다

얍복 나루터의 씨름이
과연 야곱의 기도인가?

얍복 나루터의 사건은 결국

우리 모든 신앙인들이 자신이 의지하던

[각자의 마지막 보루인 환도뼈]가 부러진 후에야

"아이쿠, 하나님!" 하고, 엎드러지는

신앙인들의 모습을 깨닫게 하여 주시는

하나님의 말씀으로 바라보아야 합니다.

제10장
얍복 나루터의 씨름이
과연 야곱의 기도인가?

얍복 나룻터의 "씨름 사건"은 오늘날에도 우리에게 많은 교훈으로 가르쳐지고 있습니다. 이 사건에 대하여 많은 세월 거의 모든 강단에서 외쳐지고 가르쳐지는 말씀은 "우리도 야곱처럼 필사적으로, 환도뼈가 부러질 정도까지 기도하여 기도의 승리자가 되고, 하나님의 응답을 받는 자가 됩시다."라고 힘을 주어 강조하며 외치는 음성을 듣습니다.

씨름하듯 밤새도록 매달리고 울부짖으며 기도하는 야곱, 그리고 결국에는 하나님의 항복을 받아 축복을 받아냈다는 가르침, 이러한 가르침에는 무언가 문제가 있습니다.

단도직입적으로 말하자면 그릇된 가르침입니다. 이제 그 이유를 밝히고자 합니다.

정말 그럴까요?

야곱의 환도뼈가 부러진 것이 무엇 때문인가요?

야곱이 온 힘을 다하여 용을 쓰며 기도하다가 부러졌나요?

아닙니다. 성경을 외곡하지 말아야 합니다.

성경은 이렇게 말하고 있습니다.

"그 사람이 자기가 야곱을 이기지 못함을 보고 <u>야곱의 환도뼈를 치매</u> 야곱의 환도뼈가 그 사람과 씨름할 때에 위골되었더라."

어떤 사람이 야곱의 환도뼈를 쳐서 위골 되었다고 말하고 있습니다.

환도뼈는 야곱이 끝까지 버티니까 마침내는 하나님이 그의 환도뼈를 쳐서 부러뜨림으로 위골시켜 놓은 것입니다.

얍복 나룻터의 씨름의 주체

저는 이 사건, 즉 얍복 나룻터의 씨름 사건을 지금까지와는 다른 차원에서 다루어 보고자 합니다. 여기서의 씨름 사건을 바로 보기 위하여서는 먼저 "씨름의 주체" 가 누구냐는 것입니다. 씨름의 주체는 야곱이 아닌 야곱을 찾아온 어떤 사람, 야곱의 고백처럼 하나님이십니다. 하나님께서 인생에게 찾아와 주시는 데에는 목적이 있고, 의도하는 바가 있고, 이유가 있다고 말씀을 드렸습니다.

얍복 나룻터까지 하나님께서 야곱을 찾아와 주신 [목적은] 일어나 두려워하지 말고 얍복 나루를 건너 네 고향, 아비 집을 향하여 가라는 것이었습니다.

"야곱아! 여기 있어 두려워 하지만 말고 속히 나루를 건너서 앞으로 나아가라!"

"아닙니다. 저는 결코 그렇게 하지 못하겠습니다."

어떤 사람과 야곱이 서로 팽팽하게 맞섭니다.
한 발짝도 뒤로 물러서지 않으려고 완강하게 저항을 했지요. 즉 그 두 사람은 서로가 자기의 주장만을 강하게 내 세우며 상대를 제압하려 했던 말씀의 내용입니다.
이것이 바로 얍복 나룻터의 씨름입니다.

씨름과 기도

기도는 엎드려 은혜를 구하는 것이요, 도우심을 구하는 믿음의 행위입니다. 기도에는 간구와 감사와 찬양이 있어야 하며, 마음을 낮추는 경배가 있어야 합니다.

야곱의 씨름

　그러나 씨름은 다릅니다. 상대방과의 힘겨루기입니다.

　또한　씨름은 상대를 먼저 넘어뜨려서 이기고자 하는 것이 목적입니다. 내 주장을 내세워 관철시키고자 하는 것이 씨름입니다.

　얍복 나루의 사건을 "씨름"으로 표현하고 있음에 우리는 유의할 필요가 있지요!

씨름과 기도는 분명하게 구분되어야 합니다.

성경에서 '씨름'으로 표현된 우리의 행위가 있습니다.

우리의 씨름은 정사와 권세와 이 어두움의 세상 주관자들과 하늘에 있는 악에 영들과의 씨름인 것입니다.

> **우리의 씨름은** 혈과 육에 대한 것이 아니요 정사와 권세와 이 어두움의 세상 주관자들과 하늘에 있는 악의 영들에게 대함이라 (에베소서 6:12)

기도가 아닌 씨름

이 부분에 대하여 우리가 조금 더 깊이 생각을 해 보게 된다면 그 당시에 야곱의 나루터의 사건은 우리가 지금까지 일반적으로 가르치고, 혹은 가르침을 받아왔던 기도가 아닌, 상대를 제압하여 이기고자 하는 씨름으로 보는 분명한 이유가 있었습니다.

여기 보세요!

만일에 그 얍복 나룻터의 씨름을, 야곱의 처절하게 매달리는 눈물의 기도였다면, 그리하여 결국에는 [어떤 사람이] 그 기도에 항복하고 야곱이 기도에 승리하였다면, 보세요. 패자는 승리자를 향하여 박수치며 축하 하여주고, 상을 주는 것이 당연합니다.

그런데 말입니다.

참으로 이상한 현상이 당시에 벌어졌어요!

세상에 어찌 이런 일이 있을 수 있나요?

성경은 어떤 사람이 야곱과 밤새워 씨름하다가 <u>야곱을 이기지 못함을 보고 야곱의 환도뼈를 쳐서 부러뜨렸다</u> 하였습니다.

이로 인하여 결국 야곱은 평생을 절면서 걸어 다니는 절름발이가 되었습니다.

어떤 사람이 야곱이 기도로 승리하였다고 해서 야곱의 환도뼈를 쳐서 멀쩡한 환도뼈를 위골시켜 야곱을 장애자로 만들어 놓았습니다.

결코 이런 일은 일어날 수 없습니다.

왜냐하면 야곱의 고백처럼 〈브니엘의 고백〉, 야곱과 씨름을 하신 분은 하나님이시기 때문입니다. 그렇다면 우리 하나님은 그런 분이 아닙니다.

> 여호와는 은혜로우시며 자비하시며 노하기를 더디하시며
> 인자하심이 크시도다 (시편 145:8)

우리 하나님은 옹졸하신 분이 아닙니다. 잘되는 자는 시기하는 분이 아니십니다. 씨름에 져서 기분이 나빠서 상대방의 환도뼈를 위골시켜 놓으시는 분이 아니십니다.

결코 그럴 수도 없습니다.

심지어 밤새 메달이며 울부짖어 기도하는, 그 기도생활의 승리
자를, 하나님이 그의 환도뼈를 위골시켜 장애자를 만들었다고요?
세상에 어찌 이런 가르침이 있을 수 있나요?
어떻게 이런 일이 있을 수 있나요? 결코 그럴 수 없습니다.

> 너희가 악한 자라도 좋은 것으로 자식에게 줄 줄 알거든 하
> 물며 하늘에 계신 너희 아버지께서 구하는 자에게 좋은 것으
> 로 주시지 않겠느냐? (마태복음 7:11)

그러기에 이 부분을, [어떤 사람과] 야곱과의 사이에서 이루어진
씨름을, 야곱의 기도라 해석해서는 결코 안 됩니다. 그렇게 가르쳐
서도 안 됩니다. 야곱이 자신에게 도움을 줄 수 있는 '어떤 사람'을
붙들고 그 밤에 영과 육이 혼연일체가 되어 결사적으로 메달리는
야곱의 생생한 기도의 모습이라고 표현 되어서는 안 됩니다.

환도뼈를 의지하여 끝까지 버티는 야곱

도리어 마지막까지 자신의 환도뼈를 의지하여 버티는 야곱의 모
습이라고 표현되어야만 합니다. 이는 끝까지 고집을 부리며 자신의
뜻을 굽히지 않는 야곱을 보면서 마지못하여 야곱에게 승리를 양보

하고 야곱이 강하게 의지하며 살아가고 있던 그의 환도뼈를 쳐서 부러뜨림으로, 이제는 믿고 의지하던 것이 사라진 야곱이 그제서야 "당신이 나에게 축복하지 아니하면 나는 죽은 목숨입니다. 당신을 놓아 줄 수 없습니다. 부디 나를 축복하시어 살게 해 주십시오." 하고 상대를 붙들고 메달리는 장면이라고 해석되어야 합니다. 그리고 그렇게 가르쳐 져야 합니다.

환도뼈가 부러진 후에야, 정신이 번쩍 나서 애절하게 축복을 구하는 야곱에게 은혜의 하나님은 축복하여 줍니다. 이 축복 기도 후에 야곱은 절뚝거리는 다리로 얍복나루를 건너가서 ,형 에서를 향하여 가는 것을 보게 됩니다.

택한 자를 위한 하나님의 열심

이제는 확실하여졌습니다.
얍복 나룻터에서의 [어떤 사람과] 야곱의 씨름은 야곱의 기도가 아닙니다. 이 씨름이야말로 택하신 야곱을 향하신 하나님 사랑의 열심이었습니다. 밤이 맞도록 택하신 "야곱을 위하여 수고하시는" 하나님의 열심이었습니다.

어떤 사람과 끈질기게 밤이 맞도록 씨름하던 야곱의 모습 속에서, 하나님을 의지하지 아니하고 자신의 뜻만을 의지하려고 용을 쓰는 우리들의 모습을 보는 것 같습니다.

만일에 그렇다면 우리들도 야곱처럼, 내가 의지하던 것, 돈, 건강, 권력, 세상이 자랑하는 그 어떤 것들이 꺾어지고, 부러진 후에야 "천부여 의지없어서 손들고 옵니다."하며 주님을 향하여 나아올 것입니다.

그렇습니다.
얍복 나루터의 사건은 결국 우리 모든 신앙인들이 자신이 의지하던 [각자의 마지막 보루인] 환도뼈가 부러진 후에야 "아이쿠, 하나님!" 하고, 엎드려지는 신앙인들의 모습을 깨닫게 하여 주시는 하나님의 말씀으로 바라보아야 합니다.

보세요.
사랑하는 자, 택함을 입은 자, 언약이 있는 자이기 때문에 그의 환도뼈라도 쳐서 장애인의 다리를 가지고 살아가는 자가 되더라도, "아이쿠, 하나님, 하나님께서 축복해 주시지 않으면 나는 정말 못살아요" 하면서 엎드려 은혜를 구하는 자가 되게 하시어 마침내 축복하시는 하나님, 택한 자 야곱을 끝까지 포기하지 아니하시고 마침내 축복의 길로 이끄시는 주님의 사랑을 깨닫게 하시는 말씀, 이것이 얍복 나룻터의 씨름 사건입니다.

만일 네 오른눈이 너로 실족케 하거든 빼어 내버리라 네 백
체 중 하나가 없어지고 온 몸이 지옥에 던지우지 않는 것이
유익하며 또한 만일 네 오른손이 너로 실족케 하거든 찍어
내버리라 네 백체 중 하나가 없어지고 온몸이 지옥에 던지우
지 않는 것이 유익하니라 (마태복음 5:29~30)

우리가 이것을 반드시 알아야 합니다.

택하심을 입은 자, 하나님의 언약이 있는 자를 향한 주님의 사랑!

밤이 새도록 붙들고 씨름하시는 하나님의 모습을 통하여 ,택하
신 그 야곱을 얼마나 많이 사랑하셨는가를 우리에게 깨닫게 하여
주시는 말씀입니다. 끝까지 포기하지 아니하시고 마침내 축복의 길
로 인도하시는 주님의 사랑을 보게 됩니다. 환도뼈를 쳐서 장애인
이 된다 할지라도 결국에는 축복의 길로 인도하시는 하나님의 진실
하신 사랑을 읽을 수 있어야 합니다.

그러기에 이 말씀은 택하신을 입은 자, 야곱을 위한 하나님의 씨
름이요, 하나님의 열심이었습니다.

**이스라엘을 향하신 [하나님의 씨름]을 아래의 말씀에서도 찾아
볼 수 있습니다.**

하늘이여 들으라 땅이여 귀를 기울이라 여호와께서 말씀하

시기를 내가 자식을 양육하였거늘 그들이 나를 거역하였도
다. 소는 그 임자를 알고 나귀는 주인의 구유를 알건마는 이
스라엘은 알지 못하고 나의 백성은 깨닫지 못하는도다 하셨
도다 슬프다 범죄한 나라요 허물 진 백성이요 행악의 종자요
행위가 부패한 자식이로다 그들이 여호와를 버리며 이스라
엘의 거룩한 자를만홀히 여겨 멀리하고 물러갔도다 너희가
어찌하여 매를 더 맞으려고 더욱 더욱 패역하느냐 온 머리는
병 들었고 온 마음은 피곤하였으며 발바닥에서 머리까지 성
한 곳이 없이 상한 것과 터진 것과 새로 맞은 흔적 뿐이어늘
그것을 짜며 싸매며 기름으로 유하게 함을 받지 못하였도다
(이사야 1:2~7)

여호와께서 말씀하시되 오라 우리가 서로 변론하자 너희 죄
가 주홍 같을지라도 눈과 같이 희어질 것이요 진홍 같이 붉
을지라도 양털 같이 되리라 (이사야 1:18)

악인은 그 길을, 불의한 자는 그 생각을 버리고 여호와께로
돌아오라 그리하면 그가 긍휼히 여기시리라 우리 하나님께
로 나아오라 그가 널리 용서하시리라 (이사야 55:7)

목이 곧은 자가되어 고집부리고, 완강하게 하나님의 인도해 주심
을 거부하고, 하나님의 도우심을 거절하며 자신의 마지막 보루라고

생각하는 환도뼈 같은 것을 의지하며 버티는 인생들을 향하여 밤이 맞도록 달래며 설득하시는 하나님의 열심을 얍복 나룻터의 사건을 통해서 보게 됩니다. 여기서 우리는 선민 이스라엘을 향한 하나님의 사랑을 바로 보게 됩니다.

야곱의 얍복나루의 기도

굳이 우리가 얍복 나룻터의 사건에서 야곱의 기도를 이야기 한다면 이 부분입니다.

> 그 사람이 가로되 날이 새려하니 나로 가게 하라 야곱이 가로되 당신이 내게 축복하지 아니하면 가게 하지 아니하겠나이다 (창세기 32:26)

"당신이 내게 축복하지 아니하면 가게 하지 아니하겠나이다" 이 짧막한 부분이 야곱의 기도라 생각합니다.

대부분의 신앙인들의 뇌리 속에 새겨진 기도에 대한 개념은 이렇습니다. 무언가 간절하고 애절하고 그리고 많은 말로 자기의 구하는 바를 외치며, 끈질긴 기도로, 그야말로 환도뼈가 부러질 정도로 구하여 자신의 뜻을 이루는 것이라는 생각을 가지고 있습니다.

그러나 기도에 대한 주님의 가르침을 들어 봅시다.

> 또 너희가 기도할 때에 외식하는 자와 같이 되지 말라 저희
> 는 사람에게 보이려고 회당과 큰거리 어귀에 서서 기도하기
> 를 좋아하느니라 내가 진실로 너희에게 이르노니 저희는 자
> 기 상을 이미 받았느니라 너는 기도할 때에 네 골방에 들어
> 가 문을 닫고 은밀한 중에 계신 네 아버지께 기도하라 은밀
> 한 중에 보시는 네 아버지께서 갚으시리라 또 기도할 때에
> 이방인과 같이 중언부언하지 말라 저희는 말을 많이 하여야
> 들으실 줄 생각하느니라 그러므로 저희를 본받지 말라 구하
> 기 전에 너희에게 있어야 할 것을 하나님 너희 아버지께서
> 아시느니라 (마태복음 6:5-8)

너희는 기도할 때에, 이방인이 구하는 것처럼 중언부언 하지 말
라. 저희는 말을 많이 하여야 들으실 줄로 생각하느니라. 너희는 그
리하지 말라 라고 예수님은 가르치십니다. 이 말씀의 가르침을 보
면, 기도는 간단 명료하게, 그리고 자식이 아버지에게 구하는 것처
럼 하라는 것입니다.

당신은 당신의 부모에게 가서 무엇을 구할 때에, 어떻게 구하나
요?
가장 명료하고 간단하게 "아버지, 이것이 필요 한데요! 도와주세

요!" 하지 않나요?

주님은 이것이 기도라고 가르칩니다.

그러기에 야곱의 기도는 이것입니다.
"당신이 내게 축복하지 아니하면 가게 하지 아니하겠나이다."

밤이 다 새고, 날이 밝은 후, 야곱이 이 짧은 기도를 들으신 하나님은 야곱의 이름을 묻고, 그 이름을 고쳐 주신 후에 야곱을 축복하여 주시었습니다.

내 주장을 관철시키는 것이 기도가 아닙니다.
기도의 진면목은 하나님의 뜻을 겸허히 받아들이는 것입니다.
끝까지 버티며 내 뜻을 관철시키는 것이 기도라는 개념을 버려야 합니다. 하나님의 의도하시는 것과 내가 요구하고 바라는 것이 상반될 때 우리는 어찌하여야 할까요? 내 주장을 내세우고, 내 바라고 원하는 것을 관철시키기 위하여 막무가내로 자기의 고집만을 내세워서는 결코 안 됩니다. 먼저는 하나님의 뜻과 섭리와 계획을 아멘으로, 감사함으로 받아들여야 할 것입니다. 우리가 진정으로 기도하는 사람이라면, 하나님의 뜻을 올바로 깨닫고 기쁨으로 받아들이는 사람일 것입니다.

예수님께서는 마태복음 6장 33절에서 이르시길

"너희는 먼저 그의 나라와 그의 의를 구하라

그리하면 이 모든 것을 너희에게 더 하시리라.“ 하시었습니다.

이상에서 살펴 본 것과 같이, 얍복나룻터의 사건은 야곱의 씨름이 아닌 하나님의 씨름이요, 인생을 위한 하나님의 열심이라고 말할 수 있습니다.

오늘날 우리 모든 신앙인들에게도 이러한 씨름이 있습니다.

하나님은 지금도 이 순간에도 우리들의 심령에 말씀으로 찾아오시어서 역사하십니다. 선지자들을 통하여 들려주시던 주의 말씀을 듣고 마음의 갈등이 있다면 주님의 성령님께서 여러분의 심령에 찾아 오셔서 씨름하시게 된다는 말입니다.

말씀을 듣고 육신적으로 의지하던 것들을 내려놓고 주님의 말씀을 따라 행하라는 것입니다. 그러나 이 말씀을 듣고 갈등하는 모습은 하나님의 말씀과 씨름을 하는 상황이 아닐까요!

세속된 것들을 버리라는 말씀을 듣고 버리지 못하며 번민하고 있다면 이것이 하나님과의 씨름입니다. 세상 것을 더 의지하지 말라는 말씀을 듣고도 그 세상 것을 버리지 못하고 갈등하는 것이 바로 하나님과의 씨름이라고 말 할 수 있습니다.

야곱과 같이 내게 있는 것 의지하고, 갈등하다가 마침내 버리지 못하여 환도뼈가 부러져 절뚝거리는 장애인의 신앙이 되기 전, 여러분들은 하나님의 뜻을 위배되는 세속 된 모든 것들을 내려놓고 하나님의 뜻에 따라 순종함으로 축복받고 승리하시는 지혜로운 성도의 삶이 되시기를 바랍니다.

환도뼈가 부러진 후에야

우리 하나님은 옹졸하신 분이 아닙니다.

잘되는 자는 시기하는 분이 아니십니다.

씨름에 져서 기분이 나빠서 상대방의 환도뼈를

위골시켜 놓으시는 분이 아니십니다. 결코 그럴 수 없습니다.

너희가 악한 자라도 좋은 것으로 자식에게 줄 줄 알거든

하물며 하늘에 계신 너희 아버지께서 구하는 자에게

좋은 것으로 주시지 않겠느냐? (마태복음 7:11)

제11장
환도뼈가 부러진 후에야

하나님이 인생을 찾아와 주시는 목적은 "내가 정녕 너를 복주고 복주리라" 고 언약하신 대로 복을 주시기 위하여 찾아와 주시며, 때로는 우리들이 당하는 어려운 문제들을 은혜로 해결하여 주시며, 두려움에서 건지시고 우리들의 마음에 평안함을 주시며, 때로는 환난에서 구원하시고자 찾아와 주십니다.

그런데 얍복 나룻터의 야곱을 찾아와 주신 하나님은 야곱과 밤새도록 씨름을 하십니다.

이것은 흔한 일이 아닙니다.

더욱 이상한 일은 야곱과의 씨름에서 하나님이 이기지 못하게 될 때에 그의 환도뼈를 쳐서 위골시켜 놓았다 하였습니다. 야곱이 기도하느라 힘을 쓰고, 용을 쓰다가 환도뼈가 위골된 것이 아니라, 하나님께서 치심으로 그의 환도뼈가 위골 되었다 하였습니다.

좋으신 하나님이 어찌하여 사랑하는 야곱의 환도뼈를 쳐서 야곱으로 하여금 평생 동안 절뚝거리며 살아가도록 장애인을 만들어 놓았을까요?

왜냐하면 이 씨름은 야곱이 이겨서는 안 되는 씨름이었기 때문입니다. 야곱이 이기는 것이 축복된 일이라면, 씨름에서 승리한 야곱의 환도뼈를 쳐서 장애인이 되게 할 이유가 없었다는 이야기입니다.

하나님은 은혜로우시며, 자비로우시며, 노하기를 더디하시며, 구하는 자에게 가장 좋은 것으로 주시는 분이십니다.

> 구하라 그러면 너희에게 주실 것이요 찾으라 그러면 찾을 것이요 문을 두드리라 그러면 너희에게 열릴 것이니 구하는 이마다 얻을 것이요 찾는 이가 찾을 것이요 두드리는 이에게 열릴 것이니라 너희 중에 누가 아들이 떡을 달라 하면 돌을 주며 생선을 달라 하면 뱀을 줄 사람이 있겠느냐 너희가 악한 자라도 좋은 것으로 자식에게 줄 줄 알거든 하물며 하늘에 계신 너희 아버지께서 구하는 자에게 좋은 것으로 주시지 않겠느냐 그러므로 무엇이든지 남에게 대접을 받고자 하는 대로 너희도 남을 대접하라 이것이 율법이요 선지자니라
> (마태복음 7:7~12)

그렇습니다.

"너희가 악한 자라도 좋은 것으로 자식에게 줄 줄 알거든 하물며 하늘에 계신 너희 아버지께서 구하는 자에게 좋은 것으로 주시지 않겠느냐?" 하십니다.

우리가 믿는 하나님 아버지께서는 참으로 진실하시고 선하신 분이시며 항상 좋은 것으로 주시는 분이시며, 구하는 자에게 넘치도록 채워 주시는 분이십니다.

그런데 야곱은 어찌하여 씨름에서 이기고도 환도뼈가 부러지는 장애의 몸이 되었나요?

'남에게 대접을 받고자 하는 대로 너희도 남을 대접하라.' 했는데 대접해 드리지 못한 것입니다. 야곱이 이기는 대신 하나님께 승복을 했어야만 했습니다. 하나님께 이김을 드렸어야 했습니다.

자신에게 찾아오신 하나님의 뜻에 따라 순종하여 나루를 건너야 했습니다. "예! 원하시는대로 따르겠나이다." 하며, 찾아오신 하나님을 대접해 드렸어야 했습니다. 그런데 야곱은 환도뼈를 의지하여 끝까지 버텼습니다. 끝까지 하나님을 이기려 했습니다. 야곱이 승리했던 그 씨름이 야곱의 눈물의 기도였다면, 처절하고 필사적인 기도였고, 영과 육이 혼연일체가 되어 간절한 마음으로 드려지는 눈물의 기도였다면, 얼마나 좋겠습니까?

하나님은 그런 기도의 사람을 얼마나 사랑하시는지!

하나님은 그런 기도의 사람을 기다리고 계십니다. 축복하시려고 말입니다. 그런 자에 대한 하나님의 사랑의 크기와 길이와 높이와 깊이를 다 측량할 수가 없다 하였습니다.

얍복나룻터의 씨름이 이런 기도였다면!

하나님은 야곱의 위골된 환도뼈라도 고쳐 주시며, 사랑으로 감싸 안으시며 위로 하셨을 것입니다. 하나님께서는 이렇게 겸손한 자들의 기도를 들으시고 그들에게 상급을 주시며 좋은 것으로 응답해 주십니다.

그러나 얍복 나루의 씨름은 불행이도 이같은 기도가 아니었습니다.

야곱은 자신의 든든한 환도 뼈를 의지하여 밤새도록 자기만의 고집을 부리게 됩니다. 하나님의 뜻을 거슬려 자기의 주장만을 관철시키려합니다.

밤새도록 붙잡고 메 달리며 물러서지 아니하고, 하나님을 이기려 했습니다. 결국 하나님께서는 야곱이 의지하던 그의 환도 뼈를 쳐서 위골시켜 놓습니다. 자신의 환도 뼈를 의지하여 끝까지 고집을 부리며, 뜻을 굽히지 않았기 때문입니다.

하나님과 씨름하여 이길 자 없습니다.

고집부리지 마세요, 내려놓으세요, 이끄시는 대로 순종하여 따라 갑시다.

당신이 의지하는 환도뼈는 무엇입니까?
당신을 끝까지 버티게 하는 힘줄은 무엇입니까?
쳐서 부러지는 아픔이 있기 전에, 고통이 있기 전에, 일찍이 포기하고 도리어 하나님을 의지하여 도움을 구하는 지혜를 가져야 할 것입니다.

나에게 이것만은 있어야 살 수 있다고 하면서 붙들고 부들부들 떠는 것은 무엇입니까? 물질인지, 권세인지, 혹은 세상에 속한 자랑거리들인지, 그 무엇이 되었든지 간에 하나님 앞에 겸허히 내려놓고 하나님의 은혜를 간구하여야 할 것입니다.

> 할렐루야 내 영혼아 여호와를 찬양하라 나의 생전에 여호와를 찬양하며 나의 평생에 내 하나님을 찬송하리로다 방백들을 의지하지 말며 도울 힘이 없는 인생도 의지하지 말지니 그 호흡이 끊어지면 흙으로 돌아가서 당일에 그 도모가 소멸하리로다 야곱의 하나님으로 자기 도움을 삼으며 여호와 자기 하나님에게 그 소망을 두는 자는 복이 있도다 (시편 146:1~5)

시편 기자 '다윗의 고백처럼' 내가 이 세상에서 의지하던 모든 것들을 내려놓고 하나님으로 도움을 삼아 복된 자가 되시기를 바랍니다.

우리 신앙인 각자가 최후의 수단이라 여기며 붙들고 있는 그 환도 뼈가 부러진 후에야 비로소 참된 기도, 오로지 하나님의 도우심만을 사모하는 간절한 기도가 울어 나오게 될 것입니다.

밤이 새도록 버티던 야곱!
그는 하나님이 그가 의지하는 환도 뼈를 쳐서 위골되어 졌을 때에야, 야곱은 꿈에서 깬 듯이 자신이 처하여 있는 현실을 직시하게 됩니다.

그리고 그제야 하나님께 간절한 마음으로 메 달려 간구합니다.

"나를 축복하여 주소서,
축복하여 주시지 않으면
결코 당신을 놓아 주지 아니하겠나이다."

믿고 의지하던 환도 뼈가 위골되어진 후에야 진실되고 간절한 기도가 나옵니다. 자신에게 소망이 없음을 철저하게 깨달은 후에야 절실한 기도가 나옵니다. 마지막 의지하던 힘, 견고하다고 믿었던 우리 신앙인 각자의 환도 뼈가 위골되며 둔부의 힘줄이 어긋난 후에야 간절한 기도가 나오게 되며 온전히 주님만 바라보게 됩니다.
전심을 다한 기도가 우리 입술에서 터져 나올 것입니다.

♬ 천부여 의지없어서 손들고 옵니다.
주 나를 박대하시면 나 어디 가리이까 ♬

그런데 하나님은 야곱을 버리고 그냥 떠나버리려 합니다.
"아차 이제는 내게는 더 버틸만한 버팀돌이 없구나!"

이제야 정신이 번쩍 들어 엎드려 붙들고 메어달려 간구 합니다.
"나 살려주세요, 축복하여 주세요,"

그래요, 이러한 기도가 바로 진실되며 간절한 기도라고 말 할
수 있지요.

기도할 때에 이방인과 같이 중언부언하지 말라 저희는 말을
많이 하여야 들으실 줄 생각하느니라 (마태복음 6:7)

우리 모든 신앙인들은 결정적인 순간에 참된 기도를 드리게 되
지요
"나에게 이제는 조금이라도 더 믿고 의지할 여력이 없다고 깨달
은 후에야 진정한 기도가 나옵니다."

참된 지혜는 무엇입니까?

환도 뼈가 위골되기 전에 두 손 들고 "천부여 의지 없어서 손들고 옵니다."하면서 주님 앞에 엎드려, 주님께서 나에게 은혜 주심과, 도와주심을 간구하는 것이 참 지혜입니다.

보세요!

야곱이 하나님 아버지 앞에 어떤 사람입니까?

야곱은 하나님 앞에 보배롭고 존귀한 자라 하였습니다. 하나님 앞에서 사랑받는 자입니다.

이사야 43:1~7 의 말씀을 봅니다.

야곱아 너를 창조하신 여호와께서 이제 말씀하시느니라

이스라엘아 너를 조성하신 자가 이제 말씀하시느니라

너는 두려워 말라 내가 너를 구속하였고

내가 너를 지명하여 불렀나니 너는 내 것이라

네가 물 가운데로 지날 때에 내가 함께 할 것이라

강을 건널 때에 물이 너를 침몰치 못할 것이며

네가 불 가운데로 행할 때에 타지도 아니할 것이요

불꽃이 너를 사르지도 못하리니

대저 나는 여호와 네 하나님이요 이스라엘의 거룩한 자요

네 구원 자임이라 내가 애굽을 너의 속량물로,

구스와 스바를 너의 대신으로 주었노라

내가 너를 보배롭고 존귀하게 여기고 너를 사랑하였은즉

내가 사람들을 주어 너를 바꾸며

백성들로 네 생명을 대신하리니 두려워 말라

내가 너와 함께 하여 네 자손을 동방에서부터 오게 하며

서방에서부터 너를 모을 것이며

내가 북방에게 이르기를 놓으라 남방에게 이르기를

구류하지 말라 내 아들들을 원방에서 이끌며 내 딸들을

땅 끝에서 오게 하라 무릇 내 이름으로 일컫는 자

곧 내가 내 영광을 위하여 창조한자를 오게 하라

그들을 내가 지었고 만들었느니라

이와같이 야곱은 하나님 앞에 보배롭고 존귀하고, 사랑받는 자이기에, 야곱을 살리기 위해서라면 백성들의 생명까지 희생하여서라도 구원할 자이기에, 밤새 고집으로 버티는 야곱을 용서하시고, 차라리 환도뼈를 쳐서 부러뜨려 절름발이를 만들어서라도 생명의 길로, 축복의 길로 인도하신 것입니다.

착각하지 마세요!

무조건 때를 쓰고 부르짖으며, 몸부림치며 울부짖어 구하면 응답됩니다라는 말은 사실이 아닙니다.

기도응답의 조건이 있습니다.

1. 자녀여야 합니다.
2. 믿는 자여야 합니다. 믿음의 기도를 말합니다.
3. 하나님의 뜻대로 구하여야 합니다.

> 그를 향하여 우리의 가진바 담대한 것이 이것이니 그의 뜻대로 무엇을 구하면 들으심이라 (요한일서 5:14)

하나님의 뜻을 거스르는 야곱을 환도 뼈를 쳐서라도 복의 길로 인도하고, 그를 통하여 하나님의 뜻을 이루게 하신 것은 야곱에게 하나님께서 친히 하신 언약의 말씀이 있었기 때문입니다.

그렇습니다.

이제 우리가 하나님의 언약의 말씀들을 굳게 붙들고 흔들리지 아니하며, 말씀을 따라 믿음으로 살며, 하나님의 뜻을 구하는 자가 된다면, 하나님은 우리의 간구하는 바를 들으시며, 응답하시어 우리의 삶이 복이 되게 하실 것입니다.

하나님의 눈으로 본 야곱, 그는 이스라엘이었다

네 이름이 무엇이냐?

"내가 나의 종 야곱,

나의 택한 이스라엘을 위하여

너를 지명하여 불렀나니

너는 나를 알지 못하였을지라도

나는 네게 칭호를 주었노라."

(이사야 45:4)

제12장
네 이름이 무엇이냐?

얍복 나룻터의 아침이 밝아오려 합니다.

어떤 사람(브니엘)과 야곱과의 치열한 씨름이 끝나가고 이제는 날이 새려합니다. 야곱과 씨름하던 어떤 사람(브니엘)이 야곱에게 말하기를 "날이 새려하니 이제 나는 가겠노라." 합니다.

하나님과 간곡한 권유에도 자기의 생각을 꺽지 않고 고집을 부리던 야곱은 결국 환도뼈가 위골되어진 후에야, 정신이 번쩍 들었습니다. 야곱은 자기와 씨름하던 상대자에게 급기야 축복하여 주실 것을 간구합니다.

"당신이 내게 축복하지 아니하면 가게하지 아니하겠나이다."

그 때에, 그 어떤 사람이 야곱에게 묻기를 "네 이름이 무엇이냐?"

"예 야곱입니다."

"아니라, 네 이름을 다시는 야곱이라 부를 것이 아니요, [이스라엘] 이라 부를 것이니 이는 네가 하나님과 및 사람으로 더불어 겨루어서 이기었음이니라.”

야곱이 축복하여 주시기를 요구하며 메 달리자, 하나님께서 그의 이름을 묻습니다. 그가 야곱이라 대답하자, 아니야 네 이름을 다시는 그렇게 부르지 마라, 네 이름은 이스라엘이니라, 이는 네가 하나님과 및 사람들과 겨루어 이겼음이니라 하고 말씀하십니다. 그 후에 야곱에게 축복하여 주셨습니다.

여기에는 참으로 중요한 의미가 내포되어 있습니다.
위에서 말한 의미란, 야곱이 씨름에서 고집을 부리다가 결국에는 씨름 상대자가 야곱의 환도 뼈를 쳐서 그로 인하여 환도뼈가 위골이 되어 안타깝게도 다리를 저는 장애인의 상태가 되었지만, ‘야곱이 아닌 이스라엘’이기에 축복을 하여 주셨다는 말입니다.

야곱이 아닌 이스라엘이기에 환도 뼈가 위골되어진 그 정도로 일이 마무리 된 것입니다. 만일 야곱이 ‘이스라엘’이 아니었다면 환도 뼈의 장애가 아닌 죽임을 당하였을 것입니다. 이스라엘이기에 축복하였다는 것입니다.

이스라엘이라는 이름 앞에는 따라 다니는 수식어가 있습니다.
그것은 “선민”이라는 말로서, 하나님께서 친히 택하신 백성이라는 말입니다.

그러기에 이스라엘이란 하나님의 택하신 백성이요, 하나님의 이름으로 불리우는 백성이요, 하나님의 언약이 있는 백성입니다.

사도 바울은 그의 서신서에서 이와같이 말하고 있습니다.

"저희는 이스라엘 사람이라 저희에게는 양자 됨과 영광과 언약들과 율법을 세우신 것과 예배와 약속들이 있고 조상들도 저희 것이요 육신으로 하면 그리스도가 저희에게서 나셨으니 저는 만물 위에 계셔 세세에 찬양을 받으실 하나님이시니라 아멘" (로마서 9:4~6)

야곱이 이렇게 이스라엘 [선민]이기 때문에, 그의 환도 뼈를 쳐서 장애인을 만들어서라도 하나님은 야곱을 축복하여 복된 길로 인도하신 것입니다.

여기서 의문점이 생깁니다.
도대체 언제 야곱이 이스라엘이라는 이름을 받았을까요?

흔히 쉽게 생각하며 말하기를
"여기, 얍복 나룻터에서 기도로 승리한 후에 얻은 이름이다."라고 말들을 하지요?

과연 그럴까요?

이 부분을 해석할 때에, 얍복 나룻터에서 야곱이 한 기도의 승리, 그리고 그 승리로 얻은 이름이 이스라엘이다라고 말한다면 이것이 옳은 해석일까요?

아닙니다.
결코 그렇게 해석을 해서는 안됩니다.
앞에서 말씀을 드렸듯이 야곱은 얍복 나룻터에서 어떤 사람과의 씨름에서 철저한 패배자였기 때문입니다. 결코 고집을 부리며, 거역하고, 내 주장만을 내세우며 하나님을 이기려고 해서는 안 됩니다. 그렇기 때문에, 이스라엘이라는 그 이름은 얍복 나룻터에서 기도의 승리로 야곱이 쟁취한 이름이라고 해석함은 결코 안 됩니다.

그렇다면, [이스라엘이라는 이름]은 언제 얻은 이름일까요?
성경을 다시 보겠습니다.

> "그 사람이 그에게 이르되 네 이름이 무엇이냐 그가 가로되 야곱이니이다 그 사람이 가로되 네 이름을 다시는 야곱이라 부를 것이 아니요 이스라엘이라 부를 것이니 <u>이는 네가 하나님과 및 사람들과 겨루어 이기었음이니라.</u>" (창세기 32:27~28)

위의 말씀을 볼 때에 '이스라엘'이라는 이름이 겨루어서 이기었기에, 즉 승리를 하였기에 얻어진 이름인데 여기서의 이김을 말할 때에 얍복 나룻터의 사건을 말하는 것이 아닙니다.

왜냐하면 "이스라엘이라 부를 것이니 이는 네가 **하나님과 및 사람들과 더불어** 겨루어 이기었음이니라."하였습니다.

그 때 그 시간 얍복 나룻터에는 야곱과 그 어떤 사람 외에는 아무도 없었습니다. 성경은 분명하게 "하나님과 사람들과 겨루어 이기었기에 얻어진 이름"이라는 것입니다. 그렇다면 이는 얍복나룻터의 사건을 말하는 것이 아님이 확실합니다.

하나님을 이기는 길

그렇다면, 언제 야곱이 하나님을 이기고 사람들까지 이기었을까요?
야곱이 하나님을 이긴 그 시점이 언제냐고 묻기 전에, 먼저 하나님을 이기는 방법이 무엇인가를 생각해 보겠습니다.

하나님을 이긴다는 말에는 약간의 어패가 있지만 어찌됐든지 하나님을 이길 수 있는 방법이 있다면, 그것은 오직 한 길, 순종의 길일 것입니다.

하나님을 이긴다? 사람이 무엇으로 하나님을 이길 수 있나요?

그것이 가능한가요? 힘으로 이길 수 있나요? 지혜로 이길 수 있나요? 세상에 어느 것으로도 하나님을 이길 수 있는 방법은 결코 없습니다.

다만 순종하는 자에게 하나님께서는 그에게 이김을 허락하십니다.

그러기에 순종이 제사보다 낫다 하였습니다.

> "그가 아들이시라도 받으신 고난으로 순종함을 배워서 온전하게 되었은즉 자기를 순종하는 모든 자에게 영원한 구원의 근원이 되시고..." (히브리서 5장 8:9)

예수님은 하나님의 본체시며, 독생하신 아들이시라도 순종을 배워 온전하게 되었고, 이로 인하여 자기에게 순종하는 모든 자에게 영원한 구원이 되셨다 하였습니다.

야곱이 아비 이삭의 축복기도를 받기 위한 방법은 오직 "순종"의 길이었음에 대하여 이미 말씀을 드렸습니다.

순종으로 얻어진 축복기도!

하늘의 복과, 땅의 기름짐의 복과, 모든 자에게 섬김을 받을 수 있는 축복기도!

이 얼마나 놀라운 복입니까?

여기에 하나 더하여 하늘의 음성이 들려진다면, "이는 내 사랑 하는 자요, 내 기뻐하는 자라는 음성"일 것입니다.

사람을 이기는 길

그렇다면 이제 사람을 이기는 길은 무엇일까요?

언제 야곱이 사람들을 이기었을까요?

야곱이 사람을 이기었다고 하는 말씀의 부분에 대하여, 저는 이렇게 생각합니다.

<u>사람들 앞에서 자신의 장자의 권리를 당당하게 말할 수 있을 때</u>라는 생각을 합니다. 야곱은 비록 형의 발뒤꿈치를 잡고 이 세상에 태어났기에, 언제나 차자의 취급을 받았습니다. 하늘의 축복 권과 땅의 기름짐의 축복 권리는 본래 장자에게 있었기에 때문에 따라서 야곱은 장자의 권리를 가진 에서를 항상 부러워하였습니다.

그런데 야곱이 형 에서로부터 팥죽 한 그릇으로 장자의 권리를 넘겨받음으로 이제는 야곱의 장자의 권리를 [어느 누구도] 부인할 수 없게 되었습니다. 야곱은 모든 사람 앞에서 당당하게 그 가문의 장자의 권리를 주장할 수 있게 되었습니다.

이것이야 말로 사람들을 이기는 길이 되었습니다.

이제 야곱은 이렇게 취한 장자의 권리로 가지고 당당하게 아비의 축복기도를 받게 됩니다. 당당하게 장자의 권리로서 모든 사람들로 부터 인정받는 축복기도를 받았습니다.

저는 감히 이렇게 말씀을 드릴 수 있습니다.
<u>야곱이 아비 이삭으로부터 하늘의 복과 땅의 기름짐의 축복기도를 받는 그 순간, 야곱은 하나님 앞에서 [이스라엘]이라고 하는 호칭을 받게 되었다고 말입니다.</u>

여기에 하나 더 첨부한다면 야곱은 태어나면서 하나님의 택하심은 입은 자요, 하나님의 사랑하심과 복 주심의 언약을 입은 자입니다.

여기 하나님의 말씀을 통하여 증거를 얻어 봅시다.

"야곱아 너를 창조하신 여호와께서 이제 말씀하시느니라 이스라엘아 너를 조성하신 자가 이제 말씀하시느니라 너는 두려워 말라 내가 너를 구속하였고 내가 너를 지명하여 불렀나니 너는 내 것이라 네가 물 가운데로 지날 때에 내가 함께 할 것이라 강을 건널 때에 물이 너를 침몰치 못할 것이며 네가 불 가운데로 행할 때에 타지도 아니할 것이요 불꽃이 너를 사르지도 못하리니 대저 나는 여호와 네 하나님이요 이스라엘의 거룩한 자요 네 구원 자임이라 내가 애굽을 너의 속량물로, 구스와 스바를 너의 대신으로 주었노라 내가 너를 보배롭고 존귀하게 여기고 너를 사랑하였은즉 내가 사람들을 주어 너를 바꾸며 백성들로 네 생명을 대신하리니... (이사야 43:1~4)

여호와께서 가라사대 내가 너희를 사랑하였노라 하나 너희는 이르기를 주께서 어떻게 우리를 사랑하셨나이까 하는도다 나 여호와가 말하노라 에서는 야곱의 형이 아니냐 그러나 내가 야곱을 사랑하였고 에서는 미워하였으며 그의 산들을 황무케 하였고 그의 산업을 광야의 시랑에게 붙였느니라 (말라기 1:2~3)

하나님의 택함을 입은 야곱! 하나님의 사랑받는 야곱! 선민 이스라엘! 이러한 야곱이기에, 얍복 나룻터에서도 하나님을 대면하여 보았으나 목숨을 부지하여 하나님의 축복을 받아낼 수 있었던 것입니다.

뿐만이 아닙니다. 더욱 놀라운 사실이 있습니다.
야곱이 '이스라엘'이라는 말이 태초로부터 준비된 이름이라는 사실을 우리는 알아야만 합니다.

> "내가 나의 종 야곱, 나의 택한 이스라엘을 위하여 너를 지명하여 불렀나니 **너는 나를 알지 못하였을지라도 나는 네게 칭호를 주었노라.**" (이사야 45:4)

"당신의 이름을 고하소서."하는 야곱에게 "어찌 내 이름을 묻느냐"하면서 야곱에게 축복하였다 하였습니다. 이 축복을 받은 후에 그분이, 바로 하나님 되심을 야곱이 알 수 있게 되었지요.

브니엘

야곱이 하나님으로부터 축복기도를 받고 그 곳 이름을 "브니엘"이라 하였느니 이 말의 의미는 "내가 하나님과 대면하여 보았으나 내 생명이 보전되었다." 하는 말입니다.

이제 야곱은 알게 되었습니다.
자신이 하나님 앞에 '이스라엘'이라는 사실을...
자신에게 '이스라엘'이라는 이름을 주신 분이 하나님이심을...

하나님께서는 야곱을 위하여 '이스라엘'이라고 하는 칭호를 만세 전에 예비하셨다는 말씀을 하십니다. 그러기에 하나님은 야곱이 어미 태중에 있을 때에 이미 '섬김을 받는 자'라고 칭하신 것입니다.

그렇습니다.

야곱은 미처 알지 못하였으나, 야곱은 하나님 앞에서 '이스라엘'
이었습니다. 그러기에 하나님은 야곱이 고집을 꺾지 않고 환도 뼈
로 버티어도, 환도 뼈를 쳐서 위골시켜서라도 야곱을 "복된 길"로
인도하여 주신 것입니다.

저주의 상징된 환도뼈

야곱이 바로 이스라엘이었기에, 그가 하나님과 대면하여 보았으
나 생명이 보존되었고, 비록 환도 뼈의 아픔이 있었으나 하나님의
축복하심을 받아 낼 수 있었습니다.

이 일이 있은 이후로 **[이스라엘 사람들에게는]** 환도 뼈의 힘줄은
저주의 상징이 되었습니다.

> 그(야곱)가 브니엘을 지날 때에 해가 돋았고 그 환도뼈로 인
> 하여 절었더라 그 사람이 야곱의 환도뼈 큰 힘줄을 친 고로
> 이스라엘 사람들이 지금까지 환도뼈 큰 힘줄을 먹지 아니하
> 더라 (창세기 32:31~32)

이스라엘 백성들에게 저주의 상징이 된 "환도뼈가 위골되는 사건"이, 기도 승리의 사건으로 변질 되어져서는 안됩니다. 그러기에 이 씨름은 야곱의 간절한 기도, 환도뼈가 부러질 정도의 힘쓰고 애쓴 기도가 결코 아닙니다. 그야말로 자기의 주장, 자신의 생각을 앞세우고 하나님의 뜻을 거역하는 고집의 씨름이었습니다. 결국에는 환도 뼈가 위골 되는 [저주로 이어지는] 결과를 가져오게된 씨름이었습니다.

그러기에

얍복 나룻터의 기도의 승리로 야곱이 "이스라엘"이라는 이름을 취하였다고 해석해서도 결코 안 됩니다. 얍복 나룻터의 씨름은 오직 야곱을 향하신 하나님의 사랑이요, 또한 당신의 언약을 이룩하시고자 하는 하나님이 열심이요, 하나님의 사건입니다.

또한 [이스라엘]을 향하신 하나님의 은혜와 긍휼과 사랑의 역사이었습니다.

너는 이스라엘이라

야곱은 자신이 이스라엘인 줄을 몰랐습니다.
그의 부모님이 지어준 이름,
세상이 그에 대하여 부르는 이름, 야곱으로만 알고
살아왔습니다. 그러나 야곱은 하나님 앞에 이스라엘이었습니다.
그렇지만 세상은 그를 야곱이라고 불렀습니다.

제13장
너는 이스라엘이라

얍복 나룻터의 사건이 참으로 중요한 것은, 야곱이 하나님으로부터 새 이름을 부여 받았다는데 큰 의미가 있습니다.

네 이름이 무엇이냐고 물으시는 하나님께 야곱은 "예, 제 이름은 야곱이니이다." 라고 대답하였습니다. 이에 대하여 하나님은 야곱에게 "네 이름을 다시는 야곱이라 부를 것이 아니요, 이스라엘이라 부를 것이라." 하시며 야곱에게 새 이름을 부여 해 주셨습니다.

이를 계기로 하여, 이전 까지는 "나는 여호와라 아브라함의 하나님이요, 이삭의 하나님이요, 야곱의 하나님이라 하셨으나 그 후로부터는 "나는 이스라엘의 하나님"이라 말씀하십니다.

하나님께서 친히 야곱에게 이르시기를 "너는 야곱이 아니라, 이스라엘이니라." 하심에는 깊은 의미가 있다고 생각합니다. 이는 야곱이 어떠한 인물인가를 단적으로 가르쳐 주는 사건이 되기 때문입니다. 바로 무엇인고 하니 '야곱'이 아니고, [이스라엘]이 야곱의 실체라는 말입니다.

이로 인하여 야곱에 대한 <u>그릇된 편견들을 일시에 소멸시키는 힘</u>을 가지게 됩니다. 그러므로 이제 우리는 야곱의 삶과 그가 행한 모든 행위에 대하여 새로운 차원에서 보아야 할 것입니다.

우리들의 그릇된 편견이나, 잘못된 고정관념을 가지고 있다면, 어떤 사건을 해석함에 있어서 전혀 다른 평가를 내리게 됩니다. 이러한 사고방식에 우리의 생각이 사로잡히게 되면 근본적인 실체를 전혀 보지 못하며, 제대로 된 해석을 하지 못하게 되는 것입니다.

야곱은 자신이 이스라엘인 줄을 몰랐습니다.
그의 부모님이 지어준 이름, 세상이 그에 대하여 부르는 이름, 야곱으로만 알고 살아왔습니다. 그러나 야곱은 하나님으로부터 새롭게 [이스라엘] 이라고 하는 이름을 부여 받았습니다.

그렇습니다. 야곱은 하나님 앞에 이스라엘이었습니다.
그렇지만 세상은 그를 야곱이라고 불렀습니다.

에서가 가로되 그의 이름을 야곱이라 함이 합당치 아니하니이까 그가 나를 속임이 이것이 두 번째니이다 전에는 나

의 장자의 명분을 빼앗고 이제는 내 복을 빼앗았나이다 (창
세기 27:36)

에서의 말에 의하면 야곱을, 야곱이라 부르는 것이 합당한데 이
는 그가 속이는 자이기 때문이며, 또한 속여서 남의 것을 빼앗는
자이기에 그렇다는 것입니다.

그러나 우리는 분명히 알아야 합니다.
이것은 세상에 속한 사람들이 야곱에 대하여 평가하는 말이라는
것임을 알아야 합니다.

하나님은 야곱을 무어라 하셨나요?
"나는 야곱입니다."라고 말하는 그를 향하여 "아니라, 다시는 야
곱이라 부르지 말라, 너는 이스라엘이니라." 라고, 하나님은 단호
하게 새로운 호칭을 주셨습니다.

[이스라엘] 이라는 이름에는 어떤 의미가 있을까요?
참으로 의미심장한 의미가 내포되어있습니다.
하나님이 친히 지어주신 이름이요, 영적인 깊은 의미가 내포되
어 있는 이름입니다.

예수께서 나다나엘이 자기에게 오는 것을 보시고 그를 가리

켜 가라사대 <u>보라 이는 참 이스라엘 사람이라 그 속에 간사한 것이 없도다</u> 나다나엘이 가로되 어떻게 나를 아시나이까 예수께서 대답하여 가라사대 빌립이 너를 부르기전에 네가 무화과나무 아래 있을 때에 보았노라 나다나엘이 대답하되 랍비여 당신은 하나님의 아들이시오 당신은 이스라엘의 임금이로소이다 (요한복음 1:47~49)

"보라 이는 참 이스라엘 사람이라 그 속에 간사한 것이 없도다."
이 말씀은 빌립의 손에 이끌리어 자신을 향하여 가까이 나아오는 나다나엘을 보시고 예수님께서 하신 말씀입니다.

"보라 이는 참 이스라엘 사람이라 그 속에 간사한 것이 없도다"라고 말씀하시며 주님께서 나다나엘을 무화과 나무 아래에서 친히 만나 주셨다고 말씀하십니다. 그렇기 때문에, 어떻게 나를 아시나이까 하고 묻는 나다나엘을 향하여 빌립이 너를 부르기 전에 네가 무화과나무 아래 있을 때에 보았노라고, 말씀을 하셨고, 나다나엘은 즉시 주님 앞에서 자기의 신앙고백을 하게 됩니다.
"랍비여 당신은 하나님의 아들이시요, 당신은 이스라엘의 임금이로소이다."

여기서 우리는 참으로 중요한 말씀을 접하게 됩니다.
예수님이 말씀하시기를 참 이스라엘이라면, 그 마음 속에는 간사함이 없다는 것입니다. 이는 교활하지 않다는 말입니다. 거짓을 꾸미지 않는다는 말입니다. 사기를 쳐서, 남의 것을 취하는 자도 아니다 라는 말입니다.

그렇다면 이스라엘은 누구로부터 시작되었나요?
[이스라엘의] 시조는 누구입니까? 그가 바로 야곱입니다.

그것도 하나님이 친히 이스라엘이라 부르신 사람, 그가 바로 야곱입니다.

그렇다면 야곱의 심령에는 간사함이 없었다는 말입니다.
야곱은 교활하거나, 간교하여 남을 속이는 자가 아닙니다.
남을 속여 남의 것을 빼앗는 자도 아니었다는 말이지요.

왜!
우리는 지금까지도 세상의 판단을 그대로 받아들여 야곱에 대하여, 그는 속여 빼앗는자, 교활한 자, 수단과 방법을 가리지 않고 남의 것〈외삼촌의 짐승들〉을 도적질하는 자로 가르쳐 왔을까요?
지금까지 우리가 말씀을 올바로 깨닫지 못한 것은 아닐까요?

사탄은 우리를 모든 면에서 속이려 합니다.
그리고 자신의 생각과 그 뜻을 우리 뇌에 새겨 놓으려 합니다.

너희는 너희 아비 마귀에게서 났으니 너희 아비의 욕심을 너희도 행하고자 하느니라 저는 처음부터 살인한 자 진리가 그 속에 없으므로 진리에 서지 못하고 거짓을 말할 때마다 제 것으로 말하나니 **이는 저가 거짓말장이요 거짓의 아비가 되었음이니라** (요한복음 8:44)

우리는 야곱을 향한 하나님의 판단을 겸허하게 받아들여야 될 필요가 있습니다. 반드시 그래야만 합니다. 그로인하여 야곱은 간사함이 없는 이스라엘이었다는 사실을 받아들여야 합니다.

또한 우리는 [야곱에 대해서] 지금까지의 우리의 고정관념에서 벗어나야 합니다. 그릇된 고정관념에서 벗어나지 않는 한, [야곱에 대한] 성경 말씀의 해석이 올바르게 해석 되어질 수 없습니다.

오늘날 우리가 신앙생활 함에 있어서의 지금까지 가지고 있는 고정관념에 대하여, 그리고 자의적 판단에 대하여 아래의 말씀과 비교해 보아야 될 필요성이 있다고 생각이 됩니다.

베드로가 본 환상

이튿날 저희가 행하여 성에 가까이 갔을 그 때에 베드로가 기도하려고 지붕에 올라가니 시간은 제 육시더라 시장하여 먹고자 하매 사람이 준비할 때에 비몽사몽간에 하늘이 열리며 한 그릇이 내려오는 것을 보니 큰 보자기 같고 네 귀를 매어 땅에 드리웠더라 그 안에는 땅에 있는 각색 네 발 가진 짐승과 기는 것과 공중에 나는 것들이 있는데 또 소리가 있으되 베드로야 일어나 잡아 먹으라 하거늘 베드로가 가로되 주여 그럴 수 없나이다 속되고 깨끗지 아니한 물건을 내가 언제든지 먹지 아니하였삽나이다 한 대 또 두번째 소리 있으되 <u>하나님께서 깨끗케 하신 것을 네가 속되다 하지 말라 하더라</u> (사도행전 10: 9 - 15)

위의 말씀은 베드로 사도가 욥바에 있는 피장 시몬의 집에 있을 때, 베드로의 기도 시간에 보여진 환상에 관한 말씀입니다.

기도 시간에 하늘이 열렸습니다. 보자기가 내려옵니다.

그 안에는 땅에 있는 각색 네 발 가진 짐승과 기는 것과 공중에 나는 것들이 있습니다. 이는 모두 부정한 것들입니다.

하늘에서 음성이 들립니다.

"베드로야 일어나 잡아 먹으라."

"주여, 그럴 수 없나이다.

속되고 깨끗하지 아니한 물건을 내가 언제든지 먹지 아니하였삽나이다."

또 다시 음성이 들리기를, 잡아 먹으라 하였으나, 베드로는 끝까
지 거절합니다.

지금 베드로는 [율법의 고정 관념에] 사로잡혀서 하늘의 음성을
거부합니다. 하나님의 말씀을 듣고 순종하기를 거절합니다.

두 번째 하나님께서 들려주시는 그 음성을 또 다시 그가 거절했
을 때에, 하늘의 음성이 들립니다.

"하나님께서 깨끗케 하신 것을 네가 속되다 하지 말라."

위의 말씀은 베드로에게 하나님께서 주신 환상이었지만 베드로
자신이 깨닫지 못하였습니다. 당시에 베드로 자신이 고정관념에 사
로잡혀 있었기 때문에, 하나님의 말씀을 거부하였으며, 하나님의
책망의 말씀을 듣습니다.

"내가 깨끗다 하는 것을 네가 속되다 하지 말라."

베드로처럼 우리도 같은 잘못을 저지르는 것은 아닐까요?
하나님께서는 야곱을 향하여 이스라엘이라 그 속에는 간사함이
없는 자라고 하심에도 불구하고, 오늘날 우리가 야곱에 대하여 판
단하고 말할 때에, 그는 교활한 자요, 간사한 자요, 거짓을 행하는

자요, 속이는 자라고 생각하며, 가르치는 않는가요?

이제 우리는 성경을 볼 때에 야곱에 대하여 편파적이고, 세상적인 판단에서 벗어나야 합니다. 그리고 우리는 지금까지 배우고, 듣고, 가르쳐 온 고정 관념에서도 벗어나야만 합니다.

당신은 누구입니까?
하나님 안에서, 그리스도 예수 안에서 어떤 사람입니까?
당신은, 당신 자신을 얼마나 알고 있습니까?
예수님 안에 있는 [우리 자신의] 실체를, 각자 스스로가 발견 할수 있어야 됩니다.

예수님께서 우리를 영적인 이스라엘로 먼저 선택하여 주셨음을 올바로 깨닫고 신앙생활을 해야 된다는 말이지요. 우리는 무한히 부족하나, 예수 안에서 우리는 하나님 보시기에 영적 이스라엘입니다.

얍복나룻터에서 야곱에게 들려진 하나님의 음성 "너는 야곱이 아닌 이스라엘이니라." 하는 음성이 오늘날 여러분의 귀에도 뚜렷하게 들려지기 바랍니다.
"너는 예수로 인하여 내 앞에 영적 이스라엘이니라."

영접하는 자 곧 그 이름을 믿는 자들에게는 하나님의 자녀
가 되는 권세를 주셨으니 이는 혈통으로나 육정으로나 사람
의 뜻으로 나지 아니하고 오직 하나님께로서 난 자들이니라
(요한복음 1:12 ~ 13)

야곱은 바로 이스라엘입니다. 하나님이 인정하신 이스라엘입니
다.

그 속에 간사함이 없습니다. 거짓하지 않습니다. 사기지치 않습
니다. 거짓으로 속여 남의 것을 빼앗는 자가 아닙니다.

하나님의 눈으로 본 야곱, 그는 이스라엘이었다

야곱이 받은 축복은 무엇인가

그러므로 너희가
그리스도와 함께 살리심을 받았으면 위의 것을 찾으라.
거기는 그리스도께서 하나님 우편에 앉아 계시느니라.
위의 것을 생각하고 땅의 것을
생각지 말라. 이는 너희가 죽었고
너희 생명이 그리스도와 함께 하나님 안에 감추어졌음이라.

(골로새서 3:1-3)

제14장
야곱이 받은
축복은 무엇인가

얍복 나룻터에서 야곱은 "당신이 내게 축복하지 아니하면 가게 하지 아니하겠나이다."하면서 매달리며 간구하여 마침내 축복을 받게 됐습니다. 이제는 야곱이 어떠한 축복을 받았는지, 받은 바 축복에 대하여 창세기 33장을 중심으로 하여 말씀을 이어가고자 합니다.

야곱이 받은 바 축복은 무엇이며, 또한 어떠한 은혜를 입었나요?

우리 신앙인들이 일반적으로 축복이라 함은 먼저 물질과 연관을 지어 생각하게 됩니다.

그러나 성경에서 우리에게 말 해주고 있는 축복의 근본적인 의미는, 물질 소유의 많고 적음이 축복의 기준이 되어서는 결코 안 됩니다. 물론 물질의 풍성함이 하나님의 축복임은 분명하지만, 그것은 하나님께서 우리에게 주시는 [외적인 삶에 필요한 육신의] 축복이라고 말 할 수 있습니다.

그러나 이러한 물질의 풍성함은 내게 복이 될 수도 있고, 때로는 내게 큰 재앙이 될 수도 있습니다. 그 이유는 물질의 풍성한 축복을 받은 우리 신앙인들 각자가 그 물질을 하나님의 뜻에 합당하게 잘 활용하며, 또한 먼저 하나님께 영광을 돌려 드리는 생활을 하게 될 때에는, 받은바 그 축복이 우리 신앙에 도움이 될 수 있지만, 그렇지 못하고 받은바 그 물질을 가지고 일반 세상 사람들과 같이 하나님의 뜻과는 무관한 사고방식으로, 악을 도모하는 생활을 하게 될 때에는 위에서 말함과 같이 재앙이 될 수도 있습니다.

여기 귀중한 교훈의 말씀이 있습니다.

> 그 청년이 가로되 이 모든 것을 내가 지키었사오니 아직도 무엇이 부족하니이까 예수께서 가라사대 네가 온전하고자 할진대 가서 네 소유를 팔아 가난한자들을 주라 그리하면 하늘에서 보화가 네게 있으리라 그리고 와서 나를 좇으라 그 청년이 재물이 많으므로 이 말씀을 듣고 근심하며 가니라
> (마태복음 19:20~22)

영생을 얻고자 예수님를 찾아 온 한 부자 청년의 이야기입니다. 영생을 얻고자 예수님 앞에 나온 한 청년은 도리어 그의 부요함이 영생의 길에서 멀어지게 된 원인이 되었음을, 성경은 우리에게

가르쳐 주고 있습니다. 청년에게 있어서 물질의 부요함이 재앙의 원인이 되었습니다. 영생의 길을 놓쳤습니다.

이와같이 어떤 사람들은 많은 것을 소유하였으나 불행하게 될 수도 있고, 또한 어떤 이들은 적은 소득을 가지고도 기쁨과 감사하는 마음으로 살아가는 사람들이 있습니다.

진실로 천한 자도 헛되고 높은 자도 거짓되니 저울에 달면 들려 입김보다 경하리로다. 포학을 의지하지 말며 탈취한 것으로 허망하여지지 말며 재물이 늘어도 거기 치심치 말지어다 (시편 62:9~10)

시편 106장 : 15절의 말씀을 보면 이런 말씀이 있습니다.
"여호와께서 저희의 요구한 것을 주셨을지라도 그 영혼을 파리하게 하셨도다."

이 말씀은 광야에서 이스라엘 백성들이 먹을 것과 마실 것에 대하여 큰 고난을 당할 때에 그들은 하나님께 부르짖으며 간구했고 하나님께서 그들의 요구를 허락하셨습니다. 그러나 그들의 요구대로 응답을 받아 육신의 부요는 받았으나, 이로 인하여 그들의 영혼은 도리어 황폐하여졌다 하였습니다.

그러므로 우리 신앙인들이 말하는 복이라 함은, 주님의 은혜로 내게 주어지는 삶이 복입니다.

그렇다면 야곱이 얍복 나룻터에서 어떤 축복의 은혜를 받았을까요?

창세기 33장의 말씀을 중심해서 야곱이 받는 은혜와 축복을 생각해 보고자 합니다.

[첫째 축복: 돌이키는 은혜]

"하나님의 은혜 받으십시오, 은혜 받아야만 삽니다."라는 말을 우리는 자주 듣게 됩니다. 그러나 어떠한 은혜를 어떻게 받아야 하는지 모를 때가 많습니다. 또한 은혜에 대한 정확한 개념에 대하여 헛갈릴 때가 많습니다.

우리가 받아야 할 은혜 중에 가장 복된 은혜는, 돌이키는 은혜를 받는 것입니다.

죄와 저주의 자리에서 축복의 자리로 돌아서는 것입니다.
불신앙의 자리에서 믿음의 길로 돌아서는 것입니다.
불순종의 자리에서 순종의 자리로 돌아서는 것입니다.

자신을 죽이겠다고 달려오는 에서가 무섭고, 두려워서 얍복나루를 건너지 못하고 벌벌 떨며 "내가 함께 하리라. 나루를 건너가자"
하시는 하나님의 권고에도 완강하게 버티던 야곱이었습니다. 그러
한 야곱이 하나님의 축복을 은혜로 받은 후에는 스스로 자진하여
돌아서서 얍복 나룻터를 건넜습니다.

하나님의 말씀인 성경을 통하여 우리가 가장 자주 듣는 하나님
의 음성은 "돌아서라"는 말씀입니다. [여호와께로]돌아오라는 말
씀입니다.

> 너희는 여호와를 만날 만한 때에 찾으라 가까이 계실 때에
> 그를 부르라 악인은 그 길을, 불의한 자는 그 생각을 버리고
> 여호와께로 돌아오라 그리하면 그가 긍휼히 여기시리라 우
> 리 하나님께로 나아오라 그가 널리 용서하시리라 (이사야
> 55:6~7)

> 여호와께서 가라사대 이스라엘아 네가 돌아오려거든 내게
> 로 돌아오라 네가 만일 나의 목전에서 가증한 것을 버리고
> 마음이 요동치 아니하며 진실과 공평과 정의로 여호와의 삶
> 을 가리켜 맹세하면 열방이 나로 인하여 스스로 복을 빌며
> 나로 인하여 자랑하리라 (예레미야 4:1~2)

죄를 범하는 것이 멸망의 길, 영원한 지옥의 길이 아니라, 회개 하

지 않는 것, 즉 돌이키지 않는 것이 저주와 멸망의 길입니다.

> 여호와께서 말씀하시되 오라 우리가 서로 변론하자 너희 죄
> 가 주홍 같을지라도 눈과 같이 희어질 것이요 진홍 같이 붉
> 을지라도 양털 같이 되리라 너희가 즐겨 순종하면 땅의 아
> 름다운 소산을 먹을 것이요 너희가 거절하여 배반하면 칼에
> 삼키우리라 여호와의 입의 말씀이니라 (이사야 1:18~20)

하나님의 사람들은 은혜의 사람들입니다.
하나님께서 베푸시는 은혜로 사는 사람들이라는 말입니다.
은혜의 사람들은 하나님의 말씀을 통하여 올바른 길로 돌이키는
사람들입니다.

은혜라는 말로 번역된 성경상의 단어는 구약에서는 히브리어로
대략 십 여종의 단어가 사용되었으며, 신약에서는 헬라어로 두 종
류의 단어가 사용되었습니다.
구약에서 은혜로 번역된 히브리어의 의미는 크게 세가지의 뜻을
담고 있습니다.
'거저주시는 은혜' 와 '보답의 은혜' 그리고 '돌이키는 은혜'가 그
것입니다.
신약에서는 '거저주시는 은혜'와 '돌이키는 은혜'입니다.

그러기에 신구약을 통틀어 은혜라 번역된 원어적 의미는 대략 세 가지의 의미로 구분할 수 있습니다.

하나는 '거저주시는 은혜'이며 둘은 '보답의 은혜'요 셋은 '돌이키는 은혜'입니다.

위로부터 임하는 은혜는 다 복된 것입니다.

'거저 주시는 은혜'도 귀하고 '보답의 은혜' 역시 복되고 복되지만은 우리에게 가장 필요한 은혜는 '돌이키는 은혜'입니다.

특히 신약성경에서 누가복음 4:19절과 고린도 후서 6:2절에서 사용되어진 은혜라는 단어는 '돌이킨다'라는 뜻을 담고 있습니다.

이 두 절의 말씀은 신약 성경에서 참으로 중요한 내용과 의미를 담고 있는 구절입니다.

누가복음 4장 16절~21절에서의 은혜는 메시야 사역의 선포이며, 고린도 후서 6장 2절에서의 은혜는 구원의 때에 임하는 은혜를 말하며, 희년이 선포되어 모든 것이 회복되며, 하나님의 낯을 구하고 하나님과 화목하는 은혜가 바로 돌이키는 은혜입니다.

이로보건데 우리가 반드시 받아야 할 은혜는 하나님의 말씀을 듣고 '돌이키는 은혜'입니다. 이것이 바로 구원의 은혜인 것입니다.

은혜 중의 은혜

그렇기 때문에 은혜중의 은혜는 <u>돌이키는 은혜</u>입니다.

거저주시는 은혜에 만족하여서는 결코 안됩니다.

내가 받은 바 은혜에 대하여 우리의 입으로만 보답하는 것으로 끝나서도 안됩니다. 중요한 것은 우리가 하나님의 말씀을 듣고 그의 뜻에 따라, 돌이켜야 하는 것입니다.

구원의 음성을 듣고, 지금까지 세상 사람들과 같이 살아가던 삶의 길에서 우리 하나님의 뜻을 따라서 살아가는 신앙인의 삶으로 돌아서야 된다는 말입니다.

야곱은 축복기도를 받고난 후에 그 자신이 돌이키는 은혜를 받아서, 하나님의 뜻을 따라 얍복 나루를 건너 그의 아비 집을 향하여 발걸음을 돌린 것입니다. 이 발걸음은 하나님의 언약을 이루는 길이기도 합니다.

우리는 하나님의 언약의 말씀을 이루기 위하여 "돌이키는 은혜"를 받아야만 합니다.

[오래 전 일입니다.]

제가 목회할 때에, 여름 수련회 기간에 교인들과 함께 기도원에 가게 되었습니다. 승합자동차로 교인들과 함께 000기도원에 갔습니다. 3박 4일 동안의 여정에 교인들이 모두 함께 뜨거운 찬양과 은혜의 말씀과 통성기도로 큰 은혜를 받는 것을 보고 담임목사로서 참으로 마음에 자부심과 보람을 가지게 됐습니다. 목회자에게는 성도들이 은혜 받는 것을 보는 것보다 더 큰 기쁨이 어디에 있겠습니까?

집회를 마치고 돌아오는 길에서 너나없이 서로 받은 은혜를 간증하느라 시간가는 줄을 몰랐습니다. 성도들 서로 간에 받은바 은혜의 간증을 나누는 것을 들으면서 속으로 생각하였습니다.

"아! 참 기쁘다.

이제는 주일 성수를 못하던 성도는 돌이켜 주일을 성수할 것이며, 인색하여 예물을 드리지 못하던 성도는 돌이켜 감사예물을 드려 하나님께 영광을 돌릴 것이며, 수요집회나 금요기도회에 나오지 못하던 성도는 돌이켜 더욱 열심히 집회에 참여 하리라."

그런데 한 달도 채 지나기 전에 저의 기대는 무참히 무너지고 말았습니다. 은혜 받았다고 하는 그들의 신앙생활은 전혀 변한 것이 없었습니다. 이전의 그릇되고, 나태한 신앙생활에서, 변화 되어져 가는 모습이 전혀 보이지를 않았습니다.

아! 돌이키는 은혜가 얼마나 귀한가?

야곱이 받은바 가장 큰 은혜는 "돌이키는 은혜"를 받아서 하나님의 뜻을 따라 얍복 나루를 건너 그 발걸음이 당당하게 그의 고향,

아버지의 집을 향한 것입니다.

[둘째 축복: 지혜의 은혜]

야곱은 형 에서를 만나기 위하여 먼저 예물을 준비하였습니다.

야곱은 예물을 준비하였을뿐만이 아니라, 예물을 거절하는 에서에게 강권하여 예물을 드림으로 상대의 마음을 얻는 지혜의 축복을 받는 것입니다.

야곱이 형 에서를 위하여 풍성한 예물을 준비하여 형 에서를 향하여 나아갔습니다.

야곱을 만난 후에 에서가 묻습니다.

"길에서 만난 바 이 모든 떼는 무슨 까닭이냐?"

"내 주께 은혜를 입으려 함이니이다."

"내 동생아 내게 있는 것이 족하니 네 소유는 네게 두라."

"그렇지 아니하니이다. 형님께 은혜를 얻었사오면 청컨대 내 손에서 이 예물을 받으소서 내가 형님의 얼굴을 뵈온즉 하나님의 얼굴을 본 것 같사오며 형님도 나를 기뻐하심이니이다. 하나님이 내게 은혜를 베푸셨고 나의 소유도 족하오니 청컨대 내가 형님께 드리는 예물을 받으소서." 하고 야곱이 강권하므로 에서가 예물을 받았습니다.

세상에서는 누가 부요합니까? 에서일까요? 야곱일까요? 물론 에서입니다. 에서가 야곱을 향하여 나아올 때에 장정만 사백인을 거느리고 올 정도로 막강한 재력과 세력을 가지고 있었습니다. 그 외의 식솔들까지 거두는 삶이라면 에서가 얼마나 부요한가를 짐작할 수 있을 것입니다.

에서가 야곱을 향하여 말합니다.
"내게 있는 것이 풍족하니 네 소유는 네게 두라."

그러나 야곱은 강권하여 예물을 받도록 합니다.
야곱은 자기의 물질을 통해서 사람의 마음을 얻는 지혜의 축복을 받은 것입니다.

예수님께서는 제자들을 향하여 불의한 청지기의 비유를 들어 가르치면서, 지혜가 있어야 할 것을 말씀하셨습니다.

또한 제자들에게 이르시되 어떤 부자에게 청지기가 있는데 그가 주인의 소유를 허비한다는 말이 그 주인에게 들린지라 주인이 저를 불러 가로되 내가 네게 대하여 들은 이 말이 어찜이뇨네 보던 일을 셈하라 청지기 사무를 계속하지 못하리라 하니 청지기가 속으로 이르되 주인이 내 직분을 빼앗으니 내가 무엇을 할꼬 땅을 파자니 힘이 없고 빌어 먹자니 부끄럽구나 내가 할 일을 알았도다 이렇게 하면 직분을 빼앗긴 후에 저희가 나를 자기 집으로 영접하리라 하고 주인에게 빚진 자를 낱낱이 불러다가 먼저 온 자에게 이르되 네가 내 주인에게 얼마나 졌느뇨 말하되 기름 백 말이니이다 가로되 여기 네 증서를 가지고 빨리 앉아 오십이라 쓰라 하고 또 다른 이에게 이르되 너는 얼마나 졌느뇨 가로되 밀 백 석이니이다 이르되 여기 네 증서를 가지고 팔십이라 쓰라 하였는지라 주인이 이 옳지 않은 청지기가 일을 지혜 있게 하였으므로 칭찬하였으니 이 세대의 아들들이 자기 시대에 있어서는 빛의 아들들 보다 더 지혜로움이니라 내가 너희에게 말하노니 불의의 재물로 친구를 사귀라 그리하면 없어질 때에 저희가 영원한 처소로 너희를 영접하리라 (누가복음 16:1-9)

야곱은 하나님이 주신 물질로 친구를 사귈 줄을 아는 지혜의 축복을 받은 것입니다.

그 후의 말씀을 보면, 죽이려고 달려 온 에서가 도리어 야곱을 보호하여 주겠다고 제안합니다. 원수가 친구가 되고 보호자가 되었습니다.

우리 모든 신앙인들이 이 세상을 살아가는 동안에 물질은 반드시 필요합니다. 그러나 우리가 물질을 올바르게 관리할 수 있는 지혜의 은혜를 받아야합니다.

지혜의 왕, 솔로몬의 역사는 우리에게 무엇을 구하여야 할 것을 교훈하여 줍니다. 솔로몬이 지혜를 구하였고, 이것이 하나님의 마음을 기쁘게 하였습니다. 하나님의 마음에 합당하였다 하였습니다.

하나님은 이로서 세상에서 전무후무한 지혜를 솔로몬에게 주셨을 뿐아니라 그가 구하지 않은 부귀와 영화도 주시었습니다.

우리가 하나님의 마음에 합당하게 구하면, 하나님은 우리의 기도에 기쁨으로 응답하여 주시고, 우리가 구하지 아니한 세상적인 것들〈물질, 부귀와 영화〉은 덤으로 주신 답니다.

그러므로 염려하여 이르기를 무엇을 먹을까 무엇을 마실까 무엇을 입을까 하지 말라 이는 다 이방인들이 구하는 것이라 너희 천부께서 이 모든 것이 너희에게 있어야 할 줄을 아시느니라 너희는 먼저 그의 나라와 그의 의를 구하라 그리하면 이 모든 것을 너희에게 더하시리라 (마태복음 6:31~33)

솔로몬은 하나님께서 맡기신 하나님의 백성, 이스라엘을 잘 다스리기 위하여, 또한 이들의 송사를 공평하고 의롭게 판결하기 위하여 하나님 앞에 지혜를 구하였습니다. 이것이 하나님의 나라와 의를 구한 것이며, 이로써 하나님께 자신이 구한 것〈지혜의 은혜〉를 받았고, 덤으로 부귀와 영화도 받았습니다.

야고보 사도는 그의 서신서에서 모든 믿는 자에게 지혜를 구하라고 권하고 있습니다.

> 내 형제들아 너희가 여러가지 시험을 만나거든 온전히 기쁘게 여기라 이는 너희 믿음의 시련이 인내를 만들어 내는 줄 너희가 앎이라 인내를 온전히 이루라 이는 너희로 온전하고 구비하여 조금도 부족함이 없게 하려 함이라 너희 중에 누구든지 지혜가 부족하거든 모든 사람에게 후히 주시고 꾸짖지 아니하시는 하나님께 구하라 그리하면 주시리라 (야고보서 1:2~5)

모든 믿는 자의 삶에는 시험과 시련이 있을 것이며, 이러한 시험을 이기고, 시련을 견디어 승리하기 위하여서는 반드시 지혜가 필요한 것입니다.

> 보라 내가 너희를 보냄이 양을 이리 가운데 보냄과 같도다 그러므로 너희는 뱀 같이 지혜롭고 비둘기 같이 순결하라 (마태복음 10:16)

우리 모두가 하나님께 지혜를 구하여 지혜자가 되고, 세상을 이기는 자가 됩시다.

[셋째 축복: 담대함의 은혜]

　몇 시간 전까지만 하여도 에서가 두려워 감히 얍복 나룻를 건너지도 못하던 야곱이었습니다. 밤이 맞도록 자신의 환도뼈 큰 힘줄을 의지하여 에서가 두렵고 무서워 건너지 못하겠다고 버티던 야곱이었습니다. 온 가족과 함께 하는 식솔들과 모든 짐승들을 얍복 나루를 먼저 건너게 하고 정작 자신은 여차하면 자신의 한 목숨을 위하여 도망갈 궁리만 했던 야곱이었습니다. 그러한 야곱이 하나님의 <u>축복을 받은 후에 그의 태도의 변화가 왔습니다.</u>

> 　야곱이 **눈을 들어 보니** 에서가 사백인을 거느리고 오는지라 그 자식들을 나누어 레아와 라헬과 두 여종에게 맡기고 종과 그 자식들은 앞에 두고 레아와 그 자식들은 다음에 두고 라헬과 요셉은 뒤에 두고 자기는 **그들 앞에서 나아가되 ....**
> (창세기 33:1-3)

　전에는 멀리서 에서가 자신을 향하여 온다는 소식만 들어도 벌벌 떨었던 야곱이었습니다. 그러나 이제는 눈으로 보아도 두려워하지 않았습니다. 에서가 사백인을 거느리고 오는 것을 눈으로 보면서도 뒷걸음질 치기는커녕 <u>도리어 모든 식솔들 앞에서 당당하게 나아갑니다.</u> 야곱에게 임한 은혜는 담대함의 은혜였습니다.

　하나님이 우리에게 주신 것은 두려워하는 마음이 아니요 오

직 능력과 사랑과 근신하는 마음이니... (디모데 후서 1:7)

하나님의 사람 다윗은 담대함의 은혜가 넘쳤던 사람입니다.
그는 여호와를 의지함으로 임하는 담대함으로 충만하였습니다.

다윗은 다음과 같이 말합니다.

> 내가 주를 의뢰하고 적군에 달리며 내 하나님을 의지하고 담
> 을 뛰어 넘나이다 (시편 18:29)

> 내가 하나님을 의지하고 그 말씀을 찬송하올지라 내가 하나
> 님을 의지 하였은즉 두려워 아니하리니 혈육 있는 사람이 내
> 게 어찌하리이까 (시편 56:4)

얼마나 담대한 믿음의 고백입니까?
우리 모두가 여호와를 의지하는 믿음의 담대함이 넘치기를 소
원합니다. 이러한 믿음만이 세상을 이기는 우리 신앙인의 길이기
에 더욱 그렇습니다.

우리 그리스도인들은 이 시대를 믿음으로 살아가며 승리하기 위
하여 담대함의 주의 은혜가 더욱 절실히 요구됩니다. 우리의 싸움
은 혈과 육에 대한 것이 아니요 정사와 권세와 이 어두움의 세상 주

관자들과 하늘에 있는 악의 영들과의 치열한 싸움이기에 하나님의 전신갑주로 입고 담대함으로 무장하여야 합니다.

기도 응답 중에서 가장 큰 [은혜와 축복은] 하나님께서 우리들의 삶을 지켜주시는 것입니다. 이러한 은혜에 대한 확신있는 믿음에는 우리의 마음 가운데서 모든 두려움이 사라지고 담대함이 임하게 됩니다.

> 아무 것도 염려하지 말고 오직 모든 일에 기도와 간구로, 너희 구할 것을 감사함으로 하나님께 아뢰라 그리하면 모든 지각에 뛰어난 하나님의 평강이 그리스도 예수 안에서 너희 마음과 생각을 지키시리라 (빌립보서 4:6~7)

> 이것을 너희에게 이름은 너희로 내 안에서 평안을 누리게 하려 함이라 세상에서는 너희가 환난을 당하나 담대하라 내가 세상을 이기었노라 (요한복음 16:33)

야곱은 형 에서가 400인을 거느리고 칼을 차고 달려드는 환경 속에서도 당당하게 모든 식솔들 앞에서 에서를 향하여 나아가는 담대함을 얻었습니다.

[넷째 축복: 책임감을 다하는 은혜]

얍복 나루를 건너기 전의 야곱은 자신이 책임져야 할 가족과 식솔을 저버리고 내 한 목숨이 살려고 도망할 궁리만 하였습니다. 그러나 얍복 나루터에서 축복기도를 받은 그는 변하였습니다. 자신에게 허락 되어진 식솔들을 책임지고자 앞장서서 에서를 향하여 나아갑니다.

어린아이와 어른의 차이점을 본다면, 어린아이는 무슨 일을 하다가 조금의 어려운 일을 당하게 될 때에 모든 일을 던져 버리고 포기합니다. 그러나 장성한 자가 되어서는 아무리 어려운 일이 자신에게 부과된다고 해도 그 일은 끝까지 책임감을 통해서 성사 시켜야만 된다고 하는, 책임의식이 뒤 따르게 되지요.

이와같이 우리의 신앙도 어린아이의 신앙에서 벗어나 [장성한 자로서] 우리 주님께서 각자에게 부여해 주신 책무를 다하는 사람이 되어야 할 것입니다. 자신의 한 목숨만을 위하여 도망치기에 급급했던 야곱의 태도가 변했습니다. 모든 식솔들 앞서서 나아가며 그들의 앞길을 인도하며, 당당하게 책임지는 모습을 보였습니다.

책임감이란 !
내게 주어진 마땅히 해야 할 일에 대하여 소중히 여기는 마음입니다.
예수님은 제자들에게 종의 비유를 들어 자기에게 부여된 임무나의무를 맡아서 충성을 다하여야 할 것을 가르치시며, 마땅히 하여야 할 일을 한 것뿐이라는 고백을 통하여 참된 책임감이 무엇인가를 가르치셨습니다.

사도들이 주께 여짜오되 우리에게 믿음을 더하소서 하니 주께서 가라사대 너희에게 겨자씨 한알만한 믿음이 있었더면 이 뽕나무더러 뿌리가 뽑혀 바다에 심기우라 하였을 것이요 그것이 너희에게 순종하였으리라 너희 중에 뉘게 밭을 갈거나 양을 치거나 하는 종이 있어 밭에서 돌아 오면 저더러 곧 와 앉아서 먹으라 할 자가 있느냐 도리어 저더러 내 먹을 것을 예비하고 띠를 띠고 나의 먹고 마시는 동안에 수종들고 너는 그 후에 먹고 마시라 하지 않겠느냐 명한 대로 하였다고 종에게 사례하겠느냐 이와 같이 너희도 명령 받은 것을 다 행한 후에 이르기를 우리는 무익한 종이라 우리의 하여야 할 일을 한 것 뿐이라 할지니라 (누가복음 17:5~10)

이렇게 주인의 분부하심을 듣고 끝까지 순종하며 각자에게 주어진 책임을 다 하는 신앙인의 삶을 살아 갈 때에 그의 믿음이 더욱더 장성하게 되어진다고 하시는 말씀입니다.

믿음이란, 하나님의 말씀을 듣고 올바로 깨달아서 그 말씀에 순종하는 삶을 뜻하는 말입니다. 진정한 순종은 부르심에 대한 확신과 내게 주어진 말씀에 대한 책임감에서 나타나게 됩니다.

[다섯째 축복: 겸손의 은혜]

야곱은, 형 에서가 오는 것을 보고 다음과 같은 모습으로 그에게 다가갑니다.

"몸을 일곱 번 땅에 굽히며 그 형 에서에게 가까이 하니....."했습니다. 야곱은 이제 알고 있습니다. 확신하고 있습니다. 그리고 담대함을 얻었습니다. 에서가 자신을 헤할 수 없다는 사실을 믿음 안에서 확신하고 있었습니다. 야곱은 하나님이 자신과 함께하시며, 하나님의 군대가 자신을 지켜 주시며 보호하시고 있음을 알고 있었기 때문에 더 이상 에서는 두려움의 대상이 아닙니다.

그럼에도 불구하고 야곱을 에서를 만날 때에, 교만하지 않습니다. 거들먹거리지 않습니다. 오히려 일곱 번 땅에 몸을 굽히며, 형 에서를 향하여 앞으로 나아갑니다. 이는 야곱이 겸손의 은혜를 입었기에 그렇습니다.

야고보 사도는 이르기를 "하나님은 더욱 큰 은혜를 주시나니 그러므로 일렀으되 하나님이 교만한 자를 물리치시고 겸손한 자에게 은혜를 주신다 하였느니라. (약4:6)"

하였거니와 베드로 사도는 이르기를 "그러므로 하나님의 능하신 손 아래서 겸손하라 때가 되면 너희를 높이시리라.(벧전5:6)"하였습니다.

예수님은 이르시기를 "수고하고 무거운 짐 진 자들아 다 내게로 오라 내가 너희를 쉬게 하리라. 나는 마음이 온유하고 겸손하니 나의 멍에를 메고 내게 와서 배우라" 말씀하시었습니다.

위의 말씀과 같이 겸손함의 은혜야 말로 우리 모든 그리스도인들이 반드시 받아야 할 은혜입니다. 야곱은 겸손의 은혜를 입은 사람입니다.

[여섯째 축복: 원수가 달려와 화합하는 은혜]
야곱과 형 에서의 상거가 점점 가까워집니다.
그런데 누가 달려옵니까? 형, 에서가 야곱을 향하여 달려옵니다.
누가 누구를 맞이합니까? 에서가 야곱을 맞이합니다.
누가 누구를 품에 끌어안습니까? 에서가 야곱에게 달려와서, 아우인 야곱을 자기 품에 끌어안고 목을 어긋맞기고 입 맞추고, 함께 울었다 하였습니다.

> 에서가 달려와서 그를 맞아서 안고 목을 어긋맞기고 그와 입
> 맞추고 피차 우니라. (창세기 33:4)

이렇게, 야곱이 얍복 나루에서 받은 축복은 원수와 달려와 화합

하는 은혜를 입게 된 것입니다. 뿐만이 아니라, 아우인 야곱을 죽이려했던, 형 에서가 이제는 도리어 야곱을 보호하며, 지켜주겠다고 합니다. 한걸음 더 나아가 원수 앞에서 상을 베푸시는 은혜를 입은 것입니다.

> 여호와는 내 편이시라 내게 두려움이 없나니 사람이 내게 어찌할꼬 여호와께서 내 편이 되사 나를 돕는 자 중에 계시니 그러므로 나를 미워하는 자에게 보응하시는 것을 내가 보리로다 (시편 118:6~7)

> 주께서 내 원수의 목전에서 내게 상을 베푸시고 기름으로 내 머리에 바르셨으니 내 잔이 넘치나이다 (시편 23:5)

하나님의 축복을 사모하여 그 축복을 받으십시오. 그렇게 될 때 여러분들은 이 땅에서의 삶에서 우리 하나님께서 지켜주시고 도우심의 놀라운 역사가 일어나게 됩니다. 나를 질시하며 죽이려 하는 자들이 내게 달려와 도리어 화친을 구하는 놀라운 역사가 일어날 것입니다.

[일곱째 축복: 주님과 동행하는 은혜]

야곱은 축복의 사람입니다.

하나님의 축복을 받은 자에 대하여, 저주할 자가 없으며, 그를 헤칠 자도 없습니다. "너를 저주하는 자는 저주를 받으며, 너를 축복하는 자는 복을 받으리라."하신, 그 말씀대로 야곱은 복의 근원의 대를 이은자입니다.

야곱이 그토록 두려워했던, 형 에서를 만났습니다. 놀라운 일이 일어납니다. 에서가 먼저 달려와 동생인 야곱을 끌어안고 목을 어긋맞추어 야곱과 입 맞추고 서로 눈물을 흘리며 환대합니다. 더욱 놀라운 사실은 에서가 야곱에게 말하기를 "우리가 떠나자. 내가 너와 동행하리라."하며 함께 하여 아비 집을 향하여 갈 것을 종용합니다. 함께 동행하여 너와 너의 식솔들과 가축들을 지켜 주고 보호해 주겠다는 말입니다.

에서는 야곱을 향하여 달려 올 때에는 칼을 찬 사백명의 장정들을 거느리고 달려 온 것입니다. 그러한 에서가 이제는 야곱에게 향하던 칼끝을 돌려서, 야곱에게 위협을 가하는 자들에게서 야곱을 지켜 보호하겠다는 것입니다. 하나님의 복을 받은 자에게는 이와 같은 복이 임하게 된다는 말입니다.

원수가 달려와 화친을 청하는가 하면 돌이켜 오히려 보호자가 되는 은혜가 임하는 것입니다.

야곱은 동행하면서 지켜주겠다는 형 에서의 제안을 부드러운 말로 거절합니다. 야곱이 에서에게 이르기를 "내 주도 아시거니와 자식들은 유약하고 내게 있는 양떼와 소가 새끼를 데렸은즉 하루만 과히 몰면 모든 떼가 죽으리니 청컨대 내 주는 종보다 앞서 가소서 나는 앞에 가는 짐승과 자식의 행보대로 천천히 인도하여 세일로 가서 내 주께 나아가리이다."라고 말합니다.

형 에서는, 다시 제안하기를 "그렇다면 내가 내 종 몇 사람을 네게 머물게 하여 그들로 너희를 보호하게 하리라." 합니다. 이에 야곱은 말하기를 "어찌하여 그리하리이까? 나로 내 주께 은혜를 얻게 하소서." 하여 이 제안마저 거절합니다. 이에 에서는 돌아가고 야곱은 홀로 식솔들과 짐승을 이끌고 그의 계획된 행로의 길을 가게 됩니다.

하나님과 동행하는 야곱

위와 같이 야곱은 형 에서와 동행하기를 거절하였고, 또한 그가 보호하며 지켜 주겠다는 제안도 거절했습니다. 야곱은 이제 하나님과 동행하기를 택한 것입니다. 그는 하나님의 보호해 주심만을 믿었고 , 또한 이는 하나님께서 친히 지켜 주실 것을 확신 했던 야곱의 믿음 때문이었습니다.

여호와여 주의 이름을 아는 자는 주를 의지하오리니 이는 주

를 찾는 자들을 버리지 아니하심이니이다 (시편 9:10)

혹은 병거, 혹은 말을 의지하나 우리는 여호와 우리 하나님의 이름을 자랑하리로다 (시편 20:6~7)

여호와는 나의 힘과 나의 방패시니 내 마음이 저를 의지하여 도움을 얻었도다 그러므로 내 마음이 크게 기뻐하며 내 노래로 저를 찬송하리로다 (시편 28:7)

너의 길을 여호와께 맡기라 저를 의지하면 저가 이루시고 네 의를 빛같이 나타내시며 네 공의를 정오의 빛같이 하시리로다 (시편 37:5~6)

세상의 힘을 의지하지 말고 여호와를 의지하십시오.
세상과 동행하지 말고 하나님과 동행하십시오.

세상의 불의함을 따르지 마십시오. 하나님과 벗하여 동행하십시오.
하나님은 아브라함을 벗이라 칭하시고, 아브라함과 함께 하여 주셨습니다. 에녹은 300년 동안 하나님과 동행하였으며, 하나님께서 에녹을 육신의 죽음을 당하지 않게 하여 하나님의 나라로 데려가셨습니다.

야곱은 하나님과 동행하는 은혜를 입었습니다.

그렇습니다.

우리도 주님과 동행하는 은혜를 입어, 이 땅에서 사는 날 동안 하나님과 동행하다가 천국에 들림 받게 되는 축복이 임하시기를 기원합니다.

우리도 야곱이 받은 축복을 받아서 우리들의 삶이 복되고 세상에서 승리의 삶이 되어지기를 소원합니다.

하나님의 눈으로 본 야곱, 그는 이스라엘이었다

숙곳에 머물며 세겜에서
살기 원한 야곱

숙곳은 잠시 머무는 장소였다면
그에 비하여 세겜은 그 곳에 장막을 치고,
장막친 곳을 값을 지불하고 구입하여
그 곳에 안주하고 싶은 마음이 없지 않아 있었던 것 같습니다.
왜냐하면 세겜은 믿음의 조상 아브라함으로부터 시작하여,
하나님으로부터 이스라엘이라 칭함을 받은 야곱에게나,
이스라엘의 지도자 모세와 여호수아에게까지
참으로 중요한 역사적 가치가 있는 곳이기 때문입니다.

제15장
숙곳에 머물며 세겜에서
살기 원한 야곱

나와 함께 동행하여 아비 집을 향하여 가자, 그리하면 내가 너와 네게 속한 모든 것을 지켜주리라 말하는 에서의 제안을 단호히 거절한 야곱은 홀로 가솔을 거느리고 아비 집을 향하여 발걸음을 재촉하게 됩니다.

그러던 야곱의 발걸음이 이상합니다.

얍복 나루를 건너와 에서를 만난 이후에, 야곱은 에서와 헤어진 후 에서를 뒤를 쫓아서 아비집으로 향하여 간 것이 아닙니다. 야곱은 건너온 얍복나루를 되건너 가서 한 곳에 이르러 그 곳에 머물게 됩니다.

야곱은 그곳에 자기를 위하여 집을 짓고, 짐승을 위하여 우릿간을 짓고, 그 곳의 이름을 숙곳이라 이름을 지어 부르고, 한동안 그 곳에 거주하였습니다. 숙곳이라 부른 이유는 야곱이 그 곳에 짐승

을 위한 우리를 지었기 때문으로 숙곳의 뜻은 "작은 양우리"라는
의미입니다.

숙곳이라는 곳은 얍복강에서 북쪽으로 16km정도 떨어져있는
지점으로 요단강 동쪽 땅이며, 요단강 상류에 위치한 곳입니다.

어찌하여 야곱은 아비집을 향하여 가는 대신 도리어 이미 건넜던
얍복강을 다시 되 건너 숙곳으로 갔을까요?

혹자는 이 일을 두고 "야곱 신앙의 퇴보"라고 이야기하기도 합
니다.

"내가 너를 반드시 아비 집으로 이끌리라."는 하나님의 말씀에 역
행하여 이미 건넌 얍복 강을 되 건너 갔다는 것은 신앙의 퇴보의
증거라는 것입니다.

무엇보다도 그 곳에 자신을 위하여 집을 짓고, 짐승을 위하여 우
릿간을 지었다는 것을 볼 때에, 육신의 안위를 위하여 영의 일(아비
집을 향하는 가는 것)을 등한히 하였다는 것입니다.

그러나 저는 그리 생각하지 않습니다.

이유는 이렇습니다.

야곱이 얍복 나루를 되 건너 감으로 에서와는 다른 길로 아비 집
을 향하여 가고자 한 것은 도리어 믿음을 지키고자 하는 확신 때문

이라고 생각합니다. 지금까지 살펴 본 바에 의하면 에서는 이스라엘 밖의 사람이요(말 1:5) 세상 사람입니다. 믿는 자의 길은 그들과 달라야 하며, 그들과 동행하지도 말아야 할 것입니다. 야곱이 얍복 나루를 되 건너 아비 집을 향하였다는 것은 도리어 가족들에게 신앙의 유익되었으리라 생각합니다. 야곱의 부인들과 자녀들, 그리고 함께 하는 가솔들에게 에서와 함께하는 무리와의 동행은 그들과의 신앙 면에서 결코 유익할 수가 없습니다. 또한 그들과 보조를 맞추어 갈수도 없는 것이었습니다.

숙곳에서의 세월은 야곱에게 있어서 필요한 시기였습니다.

함께 동행 하자는 에서에게 말하기를 "내 주도 아시거니와 자식들은 연약하고 내게 있는 양떼와 소가 새끼를 데리고 있은즉 하루만 지나치게 몰면 모든 떼가 죽음을 면치 못할 것입니다."라고 야곱은 이야기 합니다.

야곱과 그의 가족, 그리고 짐승들에게는 있어서 절실히 필요로 하는 것은 "얼마간의 쉼"이 필요했습니다.

이유는 이렇습니다.

첫째로는 오랜세월 타향살이하며 쉼이 없이 힘을 다하여 뼈가 빠지도록 삼촌 라반을 섬겨온 일로 인한 노고가 쌓였을 것입니다. 실로 야곱은 그의 두 부인, 라헬과 레아를 자기 양떼가 있는 곳으로 불러다가 "당신들도 알거니와 내가 힘을 다하여 당신들 의 아버지를 섬겨왔다."고 말하였습니다.

둘째로는 얍복나루에서 어떤 사람과 씨름하는 중에 부러진 환도뼈로 인하여 저는 고통이 심하였을 것입니다.

셋째로는 그 동안의 에서에 대한 두려움으로 인해 야기된 심적고통이 심하였을 것입니다. 이로 인하여 쌓여진 피로감이 심하였을 것입니다.

이러한 일련의 사건들이 심신의 쇄약을 가져왔기에 휴식이 필요했으며, 그러기에 숙곳에서 얼마동안 머무르며, 자신과 가솔들의 건강회복을 꾀하는 한편, 짐승들을 돌본 것 같습니다.

이것을 증거하여 주는 말씀이 창 33:18절에 있습니다.

> 야곱이 밧단아람에서부터
> **평안히** 가나안 땅 세겜 성에 이르러
> 성 앞에 그 장막을 치고...

외삼촌의 집을 떠나 아비집을 향하는 야곱의 행선지를 이야기하면서 이르기를 "야곱이 밧단 아람에서부터 **평안히** 가나안 땅 세겜 성읍에 이르고..." 하였습니다.

이는 숙곳은 행선지가 아니고, 잠시 머무는 장소에 불과 하다는 이야기입니다.

또한 "평안히" 가나안 땅에 이르렀다고 말하는 바, "평안히" 라는 히브리 언어의 의미는 "건강하여"라는 의미입니다. 그렇다면 숙곳에 머문 이유가 더욱 확실하여집니다.

에서와 헤어진 이후에 곧 바로 아비 집을 향하여 가지 아니하고 얼마간 숙곳에 머문 이유는 야곱이 자신과 가솔과 짐승들의 건강 회복을 위하여 그리하였고, 건강을 회복하고서 요단을 건너 세겜에 건강한 상태로 이르렀다는 것입니다.

본문에 기록된 말씀을 통하여 알 수 있듯이, 하나님의 지시하심을 받고 밧담아람을 떠나 아비 집을 향하여 가는 야곱의 행선지 가운데 세겜 성에 나아가는 것이 일차 목적지였던 것입니다.

야곱이 숙곳을 떠나 세겜 성에 이르러, 그 곳에 장막을 치고, 그 장막 친 밭을 세겜의 아비 하몰의 아들들의 손에서 은 일 백 개로 사서, 거기 여호와를 위하여 단을 쌓고 그 이름을 엘엘로헤이스라엘이라 하였습니다. 이는 하나님, 이스라엘의 하나님이라는 의미입니다.

야곱이 제단을 쌓고 여호와의 이름을 부르며, "엘엘로헤이스라엘"이라합니다. 이는 참으로 놀라운 발전입니다. 이는 하나님 나의 하나님이라 부르는 것입니다. 조부 아브라함의 하나님, 아비 이삭의 하나님이 아닌, "나의 하나님"이라는 말입니다.

조상의 하나님이 아닌 나의 하나님이십니다.

우리 신앙인의 삶의 길에 반드시 이런 신앙의 고백의 때가 있어야만 합니다.

나의 주 나의 하나님

진정 하나님을 만난 자의 입에서는 '나의 주 나의 하나님' 이런 고백이 울어날 것입니다.

주님의 제자 도마는 부활하신 예수님이 제자들이 모인 곳에 처음 오셨을 때에, 마침 그 곳에 있지 않았습니다. 다른 제자들이 도마에게 이르기를 "우리가 주를 만나 보았노라." 하니 도마가 말하기를 "내가 그 손의 못자국을 보며 내 손가락을 그 못자국에 넣으며 내 손을 그 옆구리에 넣어 보지 않고는 믿지 아니하겠노라."하고 그들의 말을 믿지 못하였습니다. 그 후에 여드레를 지나서 제자들이 다시 집안에 있을 때에 도마도 함께 있고 문들이 닫혔는데 예수께서 오사 가운데 서서 말씀하시기를 "너희에게 평강이 있을지어다." 하시고 도마에게 향하여 "도마야, 이리 와서 네 손가락을 내밀어 내 손을 보고, 네 손을 내밀어 내 옆구리에 넣어 보라 그리하고 믿음

없는 자가 되지 말고 믿는 자가 되라.”하시었습니다.

이에 도마는 예수님 앞에 믿음의 고백을 합니다.

"나의 주시며 나의 하나님이시니이다."

우리 믿는 자의 삶에 이런 신앙 고백의 순간이 반드시 있어야 할 것입니다. 이제는 누구의 하나님도 아닌, 바로 '나의 하나님'이란 고백이 있어야 합니다.

세겜 성에 이른 야곱

야곱의 귀향길의 첫 번째 목적지였던 세겜 성은 성경의 역사상 참으로 중요한 장소이며, 야곱에게 있어서 참으로 의미있는 장소입니다.

세겜의 뜻은 **"어깨"**라는 뜻으로, 에발산과 그리심산, 두 산 사이에 위치하여 있어서 붙여진 이름입니다. 세겜은 예루살렘에서 북쪽으로 65Km 지점에 위치하고 있으며, 세겜의 서쪽에는 벧엘이요, 동쪽에는 아이성이 있습니다.

세겜이 역사적으로 중요한 장소요, 야곱에게 의미있는 곳이라는 이유는 조부 아브라함이 가나안에 처음 발을 들여 논 후에 처음으로 하나님께 제단을 쌓은 곳이며, 이 곳에서 아브라함은 하나님의 축복의 언약을 들었습니다.

아브람이 하란을 떠나 발행하여 나아가다가 가나안 땅을 통과하여 세겜 땅 모레 상수리나무에 이르렀을 때, 하나님께서 아브람에게 나타나시어 "이 땅을 네 자손에게 주리라"라는 약속을 하셨습니다. 하나님께서 아브람에게 주실 약속의 땅을 처음으로 밝혀 주신 곳이 바로 세겜인 것입니다. 이에 아브람은 자기에게 나타나신 여호와를 위하여 세겜에서 재단을 쌓았습니다.(창 12:1~9) 가나안에 들어온 이후 처음으로 언약을 받았던 세겜 땅은, 아브라함이나 그 자손들에게 잊을 수 없는 특별한 장소였을 것입니다.

보세요.
야곱은 역시 그 조상 아브라함처럼, 세겜에 이르러 그 곳에 장막을 치고, 한걸음 더 나아가 그 장막 친 밭을 세겜의 아비 하몰의 아들들의 손에서 은 일백개로 그 곳을 구입하여 자신의 소유로 삼았으며, 거기서 여호와를 위하여 단을 쌓고 그 이름을 엘엘로헤이스라엘이라 하였습니다. 엘엘로헤이스라엘이란 말은 "하나님, 이스라엘의 하나님"이라는 의미입니다.

바로 얍복나룻터에서 하나님께서 들려주신 이스라엘이라는 이름으로 재단을 쌓은 것입니다.

숙곳은 잠시 머무는 장소였다면 그에 비하여 세겜은 그 곳에 장막을 치고, 장막친 곳을 값을 지불하고 구입하여 그 곳에 안주하고 싶은 마음이 없지 않아 있었던 것 같습니다.

더욱이나 숙곳에서는 여호와 하나님께 제단을 쌓았다는 말이 없으나, 세겜에서는 여호와를 위하여 제단을 쌓고 엘엘로헤이스라엘이라 하였습니다.

아브라함은 세겜에서 하나님으로부터 약속의 땅으로 언약을 받았고, 야곱은 그 곳의 땅을 값을 지불하고 자신의 소유로 삼았습니다. 이 사실은 구속사적인 입장에서 볼 때에, 참으로 중요한 의미가 있습니다.

뿐만이 아니라 하나님의 종 모세는 이스라엘 백성들을 이끌고 하나님의 인도하심을 따라 약속의 땅 가나안을 향하여 나아갈 때에, 모압 땅 느보산 자락 아라바 광야, 요단강 건너에서, 저 멀리 약속의 땅, 가나안을 바라보면서 지나온 날들을 회상하며 이스라엘 백성들이 요단강을 건너 하나님이 약속하신 가나안 땅에 거하여 살 때에, 지켜야 할 하나님의 율례와 규례와 법도와 계명들을 하나님이 지시하신 대로 이스라엘 백성들에게 설파하였습니다.

이 때에 설파하여 이르기를

"너희는 네 하나님 여호와께서 네가 가서 얻을 땅으로 너를 인도하여 들이실 때에, 너는 그리심산에 올라 축복을 선포하고, 에발산에 올라 저주를 선포하라."하였습니다.

그리심과 에발산을 동시에 바라볼 수 있는 곳이 바로 세겜입니다.

세겜은 그리심산과 에발산 사이에 위치하여 있으며, 그들의 믿음의 조상 아브라함이 가나안에 처음 발을 들여 놓은 후, 하나님께루부터 "이 땅을 너와 네 자손에게 주리라."는 음성을 들은 곳입니다.

그러기에 모세도, 장차 가나안에 들어갈 이스라엘 백성들에게, 세겜이 내려다 보이는 그리심산에 올라 축복을 선포하고, 에발산에 올라 저주를 선포하라 명한 것입니다.

또한 모세의 뒤를 이어 이스라엘 백성들의 지도자가 된 여호수아 역시 세겜에서 마지막 고별 설교를 하였습니다. 여호수아는 축복이 선포된 그리심산과 저주가 선포된 에발산이 바라다 보이는 세겜땅에서 자신의 죽음을 앞에 두고서 비장한 마음으로 이스라엘 백성들을 향하여 여호와 하나님을 향한 절대적 신앙을 촉구하였습니다.

이스라엘이 들으라! 그러므로 이제는 여호와를 경외하며 성
실과 진정으로 그를 섬길 것이라 너희의 열조가 강 저편과
애굽에서 섬기던 신들을 제하여 버리고 여호와만 섬기라 만
일 여호와를 섬기는 것이 너희에게 좋지 않게 보이거든 너
희 열조가 강 저편에서 섬기던 신이든지 혹 너희의 거하는땅
아모리 사람의 신이든지 너희 섬길 자를 오늘날 택하라 오
직 나와 내 집은 여호와를 섬기겠노라 (여호수아 24:14-15)

그리고 이어 세겜 땅 그 곳에서 하나님 앞에서 서약식을 거행하
였습니다.

백성이 여호수아에게 말하되 우리 하나님 여호와를 우리가
섬기고 그 목소리를 우리가 청종하리이다 한지라 그 날에 여
호수아가 세겜에서 백성으로 더불어 언약을 세우고 그들
을 위하여 율례와 법도를 베풀었더라 (여호수아 24:24-25)

그런 후에 여호수아의 모든 말씀을 하나님의 율법 책에 기록하
고, 큰 돌을 취하여 세우고, 증거의 돌로 삼았던 것입니다. 그 증거
의 돌을 세워진 곳이 여호와의 성소 곁에 있는 상수리 나무 아래입
니다. 바로 그 곳이 믿음의 조상 아브라함이 가나안에 도착하여 여
호와의 음성을 들은 곳이며, "이 땅을 너와 네 자손에게 주리라."는
언약의 말씀을 들은 곳이기도 합니다.

이와같이 세겜은 믿음의 조상 아브라함으로부터 시작하여, 하나님으로부터 이스라엘이라 칭함을 받은 야곱에게나, 이스라엘의 지도자 모세와 여호수아에게까지 참으로 중요한 역사적 가치가 있는 곳입니다.

예수님께서도 세겜 땅을 의미있는 곳으로 여기신 것 같습니다.
왜냐하면 참 예배를 가르치신 곳이 세겜 땅 야곱의 우물곁이며, 이 곳에서 예수님은 제자들에게도 밝히지 않으신 자신이 메시야라는 사실을 친히 말씀하시었습니다. 그러기에 예수님도 세겜 땅에 대하여 중요하게 여기시지 않았나 하는 생각을 가지게 됩니다.

사마리아에 있는 수가라 하는 동네에 이르시니 야곱이 그 아들 요셉에게 준 땅이 가깝고 거기 또 야곱의 우물이 있더라 예수께서 행로에 곤하여 우물 곁에 그대로 앉으시니 때가 제 육시쯤 되었더라 ...(중간생략)... 예수께서 가라사대 여자여 내 말을 믿으라 이 산에서도 말고 예루살렘에서도 말고 너희가 아버지께 예배할 때가 이르리라 너희는 알지 못하는 것을 예배하고 우리는 아는 것을 예배하노니 이는 구원이 유대인에게서 남이니라 아버지께 참으로 예배하는 자들은 신령과 진정으로 예배할 때가 오나니 곧 이 때라 아버지께서는 이렇게 자기에게 예배하는 자들을 찾으시느니라 하나님은 영이시니 예배하는 자가 신령과 진정으로 예배할지니라

여자가 가로되 메시야 곧 그리스도라 하는 이가 오실 줄을
내가 아노니 그가 오시면 모든 것을 우리에게 고하시리이다
예수께서 이르시되 네게 말하는 내가 그로라 하시니라 (요한
복음 4:5~26)

이상에서 살펴 본바와 같이 세겜은 역사적으로 중요한 장소이며,
하나님의 언약 면에서 볼 때에도 잊어서는 안될 장소였습니다. 그
러기에 자연히 야곱 역시 세겜을 특별한 장소로 여겼을 것입니다.
그럼으로 자연히 야곱은 아비 집을 향하여 가는 길에 세겜에 들려
그 곳에 머물게 된 것입니다. 야곱에게 세겜은 찾아와 머물만한 충
분한 가치가 있는 곳이었습니다.

벧엘로 부르심 받은 야곱

우리의 신앙이 세겜에 머물러서는 안 되며,

벧엘을 향하여 나아가야만 합니다.

세겜에서 주어진 언약의 말씀이 저주가 아닌,

축복으로 이어지기 위하여서

벧엘에서 나에게 나타나신 하나님을 기억하여,

바로 그 "벧엘의 하나님"을 향하여

나아가야만 하는 것입니다.

제16장
벧엘로 부르심 받은 야곱

밧담 아람을 떠나 가나안 땅 세겜 성읍에 이른 야곱은 그 곳에 장막을 치고, 장막을 친 밭을 세겜의 아버지 하몰의 아들들에게서 값을 지불하고 샀습니다. 그리고 그 곳에서 여호와를 위하여 제단을 쌓았습니다.(창 33:18-20)

세겜에서 얼마의 세월을 보내었을까?

아마도 야곱의 심중에는 세겜에 상당기간의 세월을 지내고자하는 생각을 가지고 있었을 것입니다. 왜냐하면 그 곳의 땅을 상당한 값을 지불하고 구입을 한 사실을 보면 알게 됩니다. 그러나 이런 야곱의 기대는 얼마되지 않아 무너지고 맙니다.

어느날 야곱이 레아에게서 낳은 딸 디나가 세겜 성에서 행하는 축제일에 성안으로 구경을 갔습니다. 성경에는 그 곳의 여자들을 만나러 갔다고 하였는지라 아마도 또래 아이들과 즐기기 위하여 성안으로 놀러간 것으로 생각합니다. 어찌 되었든 그 곳에서 히위 족속 중 하몰의 아들 그 땅 추장 세겜이 디나를 보고 한 눈에 반하여 끌어하여 강간하여 욕되게 하였습니다. 딸 디나의 강간 소식을 들은 야곱은 심히 분하고 괴로웠으나 목축하기 위하여 들에 나아간 아들들이 돌아오기 까지 잠잠하였고, 아들들이 돌아온 온 후에 이 사실을 알게 되자 온 가족이 모두가 심히 분하고 여겼으니 이 사건은 이스라엘 가정에 부끄러움과 수치스러움이 되었기 때문입니다.

세겜의 마음이 디나에게 연련하며 사랑하여, 그녀의 마음을 말로 위로하고 그 아비 하몰에게 나아가 디나를 아내로 얻게 하여 달라 청하였습니다.

아들 세겜의 말을 듣고, 아비 하몰이 야곱을 찾아와 말하기를

"내 아들 세겜이 마음으로 너희 딸을 연련하여 하니 청하건데 당신의 딸 디나를 세겜에게 주어 아내를 삼게 하라 너희가 우리와 통혼하여 너희 딸을 우리에게 주며 우리 딸을 너희가 취하고 너희가 우리와 함께 거하되 땅이 너희 앞에 있으니 여기 머물러 매매하며 여기서 기업을 얻으라."

제안하며 이스라엘 야곱의 가족과 통혼하기를 청하였습니다.
그 후에 세겜도 역시 디나의 아비, 야곱과 디나의 오라비들을 찾아와서

"디나를 내게 주어 나의 아내를 삼게 하여 주면 당신들이 내게 청구하는 것은 내가 모두 수응하리니 아무리 큰 빙물〈신부의 아비에게 신부 몸값으로 신랑측에서 지불하는 댓가〉과 많은 예물〈신랑이 신부에게 주는 특별한 결혼 선물〉을 청구할지라도 너희가 내게 말한 대로 다 들으리라."

말하며 간청하였습니다.

야곱의 아들들이 세겜과 그 아비 하몰의 간청함을 듣고 다음과 같이 제안을 합니다.

"우리 가족에게는 가족의 법도가 있으니, 이는 할례 받지 아니한 사람에게 우리 누이를 줄 수 없노라. 이는 우리의 수치와 부끄러움이 됨이니라. 그러니 만일 너희 중 남자가 다 할례를 받고 우리 같이 되면 우리 딸을 너희에게 주며 너희 딸을 우리가 취하며 너희와 함께 거하여 한 민족이 되려니와 너희가 만일 우리를 듣지 아니하고 할례를 받지 아니하면 우리는 곧 우리 딸을 데리고 가리라."

하몰과 그 아들 세겜은 야곱의 아들들의 제안을 의심없이 기꺼이 받아들였습니다.

그리하여 하몰과 그 아들 세겜이 성문에 이르러 고을의 모든 사람들을 모아 놓고 다음과 같이 말합니다.

"이 사람들은 우리와 친목하고 이 땅은 넓어 그들을 용납할 만하니 그들로 여기서 거주하며 매매하게 하고 우리가 그들의 딸들을 아내로 취하고 우리 딸들도 그들에게 주자. 그러나 우리 중에 모든 남자가 그들의 할례를 받음 같이 할례를 받아야 그 사람들이 우리와 함께 거하여 한 민족 되기를 허락할 것이라 그리하면 그들의 생축과 재산과 그 모든 짐승이 우리의 소유가 되지 않겠느냐 다만 그 말대로 하자 그리하면 그들이 우리와 함께 거하리라."

하몰과 그 아들 세겜의 말을 듣고 세겜 성의 사람들은 성문으로 출입하는 모든 남자가 할례를 받았습니다. 야곱은 자신의 아들들이 세겜과 그 아비 하몰에게 말한 제안에 대하여 전혀 알지를 못하였습니다.

야곱의 아들들이 세겜 성의 모든 남자들이 할례를 받아 고통받고 있는 틈을 타서 야곱의 두 아들 디나의 오라비 시므온과 레위가 각기 칼을 가지고 가서 부지중에 성을 엄습하여 그 성의 모든 남자를 죽이고 칼로 하몰과 그 아들 세겜을 죽이고 디나를 세겜의 집에서 데려오고 야곱의 여러 아들이 그 시체 있는 성으로 가서 양과 소와 나귀와 그 성에 있는 것과 들에 있는 것과 그들의 모든 재물을 빼앗으며 그들의 자녀와 아내들을 사로잡고 집안에 들어가 집안의 물건들을 다 약탈하였습니다. 이들의 이러한 행동은 자신들의 누이 디나를 창녀처럼 대우함에 대하여 분노 하였기 때문입니다.

이 사실을 뒤늦게 알게 된 야곱은 시므온과 레위를 불러 이르기를 "너희가 내게 화를 끼쳐 나로 이 땅 사람 곧 가나안 족속과 브리스 족속에게 냄새를 내게 하였도다 나는 수가 적은 즉 그들이 모여 나를 치고 나를 죽이리니 그리하면 나와 내 집이 멸망하리라" 말하며 몹시 두려워 하였습니다.

이 때에 여호와의 음성이 야곱에게 다시 임하였습니다.

"야곱아! 벧엘로 올라와 단을 쌓으라"

야곱의 가정에 어찌하여 이런 불행한 일이 생겼을까요?
이 사건을 통하여 하나님이 야곱에게 주시는 하나님의 메시지는 무엇입니까?
또한 이 사건이 오늘날 우리 믿는 신앙인들에게 주시는 교훈은 무엇일까요?

야곱의 딸 디나의 세겜에 의한 강간 사건과 야곱의 아들들의 살인과 약탈 사건은 야곱에게 커다란 수치스러움과 멸족에 대한 두려움으로 다가왔습니다.
이 때에 하나님께서 야곱을 찾아와 주신 것입니다.

이스라엘로서 부끄러움을 당한 일과 세겜 족속으로부터 당할 보복으로 인한 멸족에 대한 두려움으로 어찌할 바를 모르는 야곱에게 찾아오신 하나님은 "놀라지 말라, 두려워 말라, 염려하지 말라" 이와같은 말씀을 하시지 않습니다.

단지 이렇게 말씀하십니다.

"벧엘로 올라가서 거기 거하며 하나님께 거기서 단을 쌓으라."

왜 그러셨을까요?

어찌하여 어떤 위로의 말씀이나, 용기를 주는 말씀이 전혀없이 오로지 벧엘로 올라와 제단을 쌓으라는 말씀을 하시었을까요? 이것은 하나님이 야곱에게 요구하시는 바가 무엇인가를 확실하게 하고자 함입니다.

벧엘의 하나님

야곱에게 있어서 벧엘의 하나님은 어떤 분이십니까?

귀로 듣던 하나님이 벧엘의 사건을 통하여 눈으로 보는 하나님이 되신 것입니다.

이는 야곱에게 체험되어진 하나님이 되신 것입니다.

아비 집에 있을 때의 야곱의 신앙이 간접적인 신앙이요, 귀로만 듣는 신앙이었다면 벧엘을 거치면서 야곱은 나에게 실제적으로 체험되어진 신앙이요, 눈으로 보는 신앙이 된 것입니다. 이전에는 조상의 하나님이었으나, 이제는 나의 하나님이 되신 것입니다.

우리들의 신앙에 있어서 반드시 요구되는 것은 실제적으로 내게 체험되어진 하나님, 그리고 야곱의 벧엘의 사건처럼 눈으로 보는, 눈으로 확인되어진 하나님이 요구되어지는 것입니다.

욥의 경우를 볼까요?
내게 체험되어지고, 눈으로 보는 하나님이 얼마나 귀한지!

욥은 사단의 역사로 인하여 모든 것을 잃었습니다.
소유하고 있던 모든 재산을 잃었고, 한 날 한시에 한 자리에서 열자녀를 잃었습니다. 이 소식을 종들로부터 전해들은 욥은 이 모든 일에 불구하고 하나님께 범죄하지 아니하고, 하나님을 향하여 원망하지도 아니하고 도리어 이와같이 신앙을 고백하게 됩니다.

> "욥이 일어나 겉옷을 찢고 머리털을 밀고 땅에 엎드려 경배하며 가로되 내가 모태에서 적신이 나왔사온즉 또한 적신이 그리로 돌아 가올지라 주신 자도 여호와시요 취하신 자도 여호와시오니 여호와의 이름이 찬송을 받으실지니이다 하고 이 모든 일에 욥이 범죄하지 아니하고 하나님을 향하여 어리석게 원망하지 아니하니라 (욥기1:20~22)

커다란 고난에도 불구하고 하나님을 원망하지 아니하고 "주신 자도 여호와시요 취하신 자도 여호와시오니 여호와의 이름이 찬송을 받으실지니이다."하고 도리어 하나님께 영광을 돌리는 욥의 신앙을 하나님은 사단 앞에 자랑스러워 하였습니다.

욥기 2장 3절을 봅니다.

여호와께서 사단에게 이르시되 네가 내 종 욥을 유의하여보았느냐 그와 같이 순전하고 정직하여 하나님을 경외하며 악에서 떠난 자가 세상에 없느니라 네가 나를 격동하여 까닭없이 그를 치게 하였어도 그가 오히려 자기의 순전을 굳게 지켰느니라.

이에 사단은 더욱 거세게 욥은 밀어 붙입니다.

사단은 욥에게서 건강을 빼앗는 시련을 더하였고, 사랑하는 아내마저도 "당신이 그래도 자기의 온전함을 굳게 지키느뇨 하나님을 욕하고 죽으라(욥 2:9)." 말하면서 욥을 떠나갔습니다. 욥에게는 남은 것이라고는 아무것도 남은 것이 없고, 부질없는 목숨만 겨우 붙어 있을 뿐이었습니다. 육신의 고통으로 죽음을 구하여도 죽음마저 피해가는 괴로움, 그러한 괴로움 속에서도 하나님을 원만하지 아니하고 믿음을 지켜낸 욥에게 하나님은 자신을 보여주신 것입니다.

욥이 고백이 이렇습니다.

"내가 주께 대하여 귀로 듣기만 하였삽더니 이제는 눈으로
주를 뵈옵나이다." (욥기 42:5)

보세요.

나에게는 이와같이 '눈으로 보는 하나님'는 계시는가요? 체험되
어진 하나님이 계신가요? 야곱처럼, 욥처럼 체험되어진 하나님, 눈
으로 보는 하나님이 존재하여야합니다.

여기서 잠깐!

분명히 하고 넘어갑시다.

하나님을 믿는 당신에게 벧엘은 존재합니까?

하나님께서 벧엘에서 야곱에게 나타나시어 함께 하시겠다고 언
약하신 것처럼, 당신에게도 이러한 체험적 하나님이 있느냐는 것
입니다.

"나에게 나타나신 하나님이 있나요?"

진정 물어보고 싶습니다!

당신에게는 야곱의 벧엘이 아닌, 당신의 자신의 벧엘이 있느냐
고 묻는 것입니다. 하나님의 일을 하고자 하는 사명자들에게, 주의

일을 하고 있는 사역자들에게 묻습니다.

진정 당신을 향한 부르심에 대한 벧엘에 있나요?

아비 집 내에서의 신앙으로는 안됩니다.

귀로 듣는 신앙으로는 안 됩니다. 체험되어지고 눈으로 보는 신앙이 있어야 합니다. 이런 신앙을 소유하기를 원한다면 과감히 아비 집을 떠나야 합니다. 아비 집의 신앙에서 탈피하여야 합니다. 그리고 체험된 신앙으로 나아가야 합니다.

아비 집 신앙은 무엇인가요?

배운 것에 의한 신앙, 학습된 신앙을 말하는 것입니다. 귀로 듣고 알고 있는 신앙말입니다. 이것을 나의 신앙으로 착각하여서는 안 됩니다.

이것은 내게 체험된 신앙은 아닙니다. 엄밀히 말하지면 "나의 신앙"은 아닙니다.

보세요!

하나님의 솜씨는 놀랍습니다.

일마다 때마다 역사하시며 야곱을 위하여 일하시는 하나님을 찬양합니다. 아비 집에서 벧엘로 부르신 하나님은 이제 다시 세겜에서 벧엘로 부르십니다.

야곱의 삶에 발생한 이러한 일련의 사건들은 우리들의 삶의 배후에서 역사하시는 하나님의 손길이었습니다. 야곱을 벧엘로 이끄시고자 하는 하나님의 손길이였습니다. 전화위복의 하나님이십니다. 우리들의 삶속에 역사하시는 하나님의 지혜를 누가 측량하리요! 체험되어지고, 눈으로 보는 하나님, 복되신 하나님 앞으로 이끄시는 하나님의 손길이었습니다.

인간적인 측면에서 본다면 야곱으로서는 어려운 시련과 환란이 오기 전에, 세겜에 머물지 말고, 지체하지 말고 아비 집을 향하여가는 발걸음을 멈추지 않았다면 더욱 좋을뻔 하였습니다. 세겜을 떠나 벧엘의 하나님을 기억하고, 벧엘을 향하여 나아가야만 했던 것입니다.

혈혈단신 아비 집을 떠나 올 때, 벧엘 광야에서 자신에게 나타나시어 언약하신 하나님을 기억하고, 야곱은 벧엘을 향하여 나아가야만 하였습니다.

벧엘 광야에서 나타나시어 야곱에게 말씀하신 하나님의 언약의 키 포인트는 이것입니다.

"이 땅으로 돌아오게 하리라."

"내가 너를 반드시 아비 집으로 이끌리라."는 것입니다.

야곱을 세겜에서 벧엘로 부르시는 하나님의 뜻은 무엇일까요?

왜 세겜에 머물러서는 안되나요?

여기에는 깊은 영적 의미가 있습니다.

세겜은 믿음의 생활에서 의미있는 곳이긴 해도 세겜에 머물러서는 안 됩니다. 세겜은 아브라함에게 "이 땅을 너와 네 자손에게 주리라." 하시는 하나님의 언약이 주어진 곳입니다. 아울러 세겜은 하나님의 종 모세에 의하여 하나님의 말씀이 이스라엘에게 주어지고, 이것을 바탕으로 하여 축복과 저주가 아울러 선포된 곳이며, 여호수아는 이스라엘 백성들을 향하여 "만일 여호와를 섬기는 것이 너희에게 좋지 않게 보이거든 너희 열조가 강 저편에서 섬기던 신이든지 혹 너희의 거하는 땅 아모리 사람의 신이든지 너희 섬길 자를 오늘날 택하라 오직 나와 내 집은 여호와를 섬기겠노라." 말하면서 여호와 신앙을 촉구하고 이스라엘 백성들로 "우리 모두는 여호와만 섬기겠노라."하는 서약을 받고, 큰 돌을 세우고 증거로 삼은 곳이기도 합니다.

이와같이 세겜은 이스라엘 백성들에게 중요한 곳이기는 하나, 세겜에 머물러서는 안 됩니다.

보세요!

세겜에 머물러서는 안되는 이유가 여기에 있습니다.

세겜에서는 언약이 선포된 곳이지만 여기에 대하여 축복과 저주가 아울러 선포된 곳입니다. 무슨 말인고 하니, 주어진 언약의 말씀이 나에게 축복이 될 수도 있고, 저주도 될 수가 있다는 말입니다. 그러므로 나에게 주어진 하나님의 말씀이 나에게 저주가 아닌 축복으로 이루어지기 위하여서는 "벧엘의 신앙"으로 나아가야 한다는 말입니다.

우리들의 이해에 도움을 주기 위하여 여기 한 예를 들어 말씀을 드리고자 합니다.

마태복음 21장에서 예수님께서 말씀하신 불의한 농부들에 관한 예화는 우리로 하여금 세겜의 신앙이 아닌 벧엘의 신앙을 요구하고 있습니다.

예화의 말씀은 이렇습니다.

한 사람이 포도원을 만들고 울타리를 치고, 즙짜는 구유를 파고, 망대도 짓고 하여 모든 것을 갖추었습니다. 이렇게 모든 것을 준비하고서 포도원을 농부들에게 세를 주었습니다. 때가 되어 세를 받으려고 자기 종들을 농부들에게 보내었더니 농부들이 세를 주기는커녕 종들을 잡아 하나는 심히 때리고 하나는 죽이고 하나는 돌로 쳤습니다. 후에 다시 다른 종들을 처음보다 많이 보내니 저희에게도 그렇게 하였습니다. 포도원 주인은 최후에 자기 아들을 보내며 생각하기를 "내 아들은 공경하리라." 하였더니 농부들은 오히려 그 아들을 보고 서로 말하기를 "이 아들은 상속자니 자 죽이고 그의 유업을 차지하자." 하고 아들을 잡아 포도원 밖에 내어 쫓아 죽였습니다.

말씀을 마친 후에 주위를 둘러보며 이르시기를 "그렇다면 포도원 주인이 올 때에 이 농부들을 어떻게 하겠느뇨?" 하고 물었습니다.

주위 모여 있던 사람들은 대답하여 말하기를 "이 악한 자들을 진멸하고 포도원은 제때에 실과를 바칠만한 다른 농부들에게 세로 줄지니이다."

이들의 대답을 들은 예수님은 이르시기를

"너희가 성경에 건축자들의 버린 돌이 모퉁이의 머릿돌이 되었나니 이것은 주로 말미암아 된 것이요 우리 눈에 기이하도다 함을 읽어 본 일이 없느냐? 그러므로 내가 너희에게 이르노니 하나님의 나라를 너희는 빼앗기고 그 나라의 열매 맺는 백성이 받으리라. 이 돌 위에 떨어지는 자는 깨어지겠고 이 돌이 사람 위에 떨어지면 저를 가루로 만들어 흩으리라." 하시었습니다.

이 비유의 말씀을 함께 듣고 있던 대제사장들과 바리새인들이 자기들을 향한 비유의 말씀인 줄을 알고서 예수를 죽이려 하였습니다.

이 비유는 무엇을 말하고 있나요?

건축자들이 버린 모퉁이 돌은 무엇입니까?

말씀이 육신이 되신 예수 그리스도를 기꺼이 받아 들이고, 그 말씀 안에서 열매 맺는 삶을 살아야 한다는 것입니다. 예수님은 말씀으로 언약의 돌이 되어 우리에게 있어서 벧엘의 신앙을 가지고 순종하여 나아가는 자에게는 은혜와 축복이 되는가 하면, 반면에 불순종으로 이 돌 위에 떨어지는 자는 깨어지겠고 이 돌이 사람 위에 떨어지면 저를 가루로 만들어 버리는 저주가 되기도 한다는 말씀입니다.

하나님의 종 모세를 통하여 이스라엘에게 하신 말씀도 이와같습니다.

말씀에 대한 축복과 저주가 아울러 선포되고 있습니다.,

축복의 말씀

네가 네 하나님 여호와의 말씀을 삼가 듣고 내가 오늘날 네게 명하는 그 모든 명령을 지켜 행하면 네 하나님 여호와께서 너를 세계 모든 민족 위에 뛰어나게 하실 것이라 네가 네 하나님 여호와의 말씀을 순종하면 이 모든 복이 네게 임하며 네게 미치리니 성읍에서도 복을 받고 들에서도 복을 받을 것이며 네 몸의 소생과 네 토지의 소산과 네 짐승의 새끼와 우양의 새끼가 복을 받을 것이며 네 광주리와 떡반죽 그릇이 복을 받을 것이며 네가 들어와도 복을 받고 나가도 복을 받을 것이니라 (신명기 28:1~6)

저주의 말씀

네가 만일 네 하나님 여호와의 말씀을 순종하지 아니하여 내가 오늘날 네게 명하는 그 모든 명령과 규례를 지켜 행하지 아니하면 이 모든 저주가 네게 임하고 네게 미칠 것이니 네가 성읍에서도 저주를 받으며 들에서도 저주를 받을 것이 또 네 광주리와 떡반죽 그릇이 저주를 받을 것이요 네 몸의 소생과 네 토지의 소산과 네 우양의 새끼가 저주를 받을 것이며 네가 들어와도 저주를 받고 나가도 저주를 받으리라 (신명기 28:15~19)

그러므로 우리의 신앙이 세겜에 머물러서는 안 되며, 벧엘을 향하여 나아가야만 합니다. 세겜에서 주어진 언약의 말씀이 저주가 아닌, 축복으로 이어지기 위하여서

"나에게 나타나신 하나님을 기억하여, 바로 그 "벧엘의 하나님"

을 향하여 나아가야만 한다는 것입니다."

하나님은 야곱을 사랑하사 복주시려고 세겜에 머무는 야곱을 벧엘로 부르신 것입니다. 하나님의 부르심에 순종하여 야곱은 자기 집 사람과 자기와 함께 한 모든 자에게 이방 신상을 버리고 자신을 정결케 하고 의복을 바꾸라 명하고, 그들이 내어놓는 모든 이방 신상과 귀에 있는 고리를 모두 거두어 세겜 근처 상수리나무 아래 묻어 버리고, 세겜을 떠나 벧엘을 향하여 출발하였습니다.

벧엘의 하나님, 이스라엘의 하나님은 야곱을 위하여 세겜의 사면 고을들을 크게 두려워하게 하시었고, 이에 야곱의 아들들을 추격하는 자가 없었으며, 야곱의 모든 문제가 사라졌습니다.

벧엘의 하나님을 찬양합니다.
당신에게는 당신 자신의 벧엘의 하나님이 있나요?

'마침내'의 하나님

"하나님은 인생이 아니시니 식언치 않으시고
인자가 아니시니 후회가 없으시도다
어찌 그 말씀하신 바를 행치 않으시며
하신 말씀을 실행치 않으시랴 (민수기 23:19)"하고
증언한대로 하나님은 당신의 언약하신 바를
실행하시며,
종국에는 반드시 이루시는 하나님이십니다.

제17장
'마침내'의 하나님

이제는 야곱과 야곱의 생애, 그리고 야곱의 삶의 여정을 마치려 합니다.

오늘의 주제를 "마침내의 하나님"으로 정한 것은 하나님의 종 모세가 이스라엘 백성들을 향하여 "하나님은 인생이 아니시니 식언치 않으시고 인자가 아니시니 후회가 없으시도다 어찌 그 말씀하신 바를 행치 않으시며 하신 말씀을 실행치않으시랴(민수기 23:19)"하고 증언한대로 하나님은 당신의 언약하신 바를 반드시 실행하시며, 종국에는 마침내 이루시는 하나님이시기 때문입니다.

우리 하나님은 '마침내의 하나님'이십니다. 하나님은 그 언약을 반드시 지키시며 이루시는 참되시며 살아계신 하나님이십니다. 여기에 우리 믿는 자의 담대함이 있고, 의지가 있고, 인내가 있고, 소망이 있습니다. 환란과 곤고한 날에도, 역경과 고난의 날에도 우리가 낙심하지 아니하고 담대하여 믿음을 지킬 것은 '마침내의 하나님'을 믿기 때문입니다.

　　♬ 하나님은 실수하지 않으신다네

　　내가 걷는 이 길이 혹 굽어 도는 수가 있어도
　　내 심장이 울렁이고 가슴 아파도
　　내 마음속으로 여전히 기뻐하는 까닭은
　　하나님은 실수하지 않으심 일세
　　내가 세운 계획이 혹 빗나갈지 모르며
　　나의 희망 덧없이 쓰러질 수 있지만
　　나 여전히 인도하시는 주님을 신뢰하는 까닭은
　　주께서 내가 가야 할 길을 잘 아심 일세

　　어두운 밤 어둠이 깊어 날이 다시는 밝지 않을 것 같아 보여
　　도 내 신앙 부여잡고 주님께 모든 것 맡기리니
　　하나님을 내가 믿음 일세
　　지금은 내가 볼 수 없는 것 너무 많아서 너무 멀리 가물가물
　　어른거려도 운명이여 오라 나 두려워 아니하리 만사를
　　주님께 내어 맡기리

　　차츰차츰 안개는 걷히고
　　하나님 지으신 빛이 뚜렷이 보이리라

가는 길이 온통 어둡게만 보여도
하나님은 실수하지 않으신다네

아브라함의 '마침내의 하나님'

하나님은 우리의 믿음의 조상 아브라함에게 '마침내의 하나님'
이 되시었습니다.

갈대아 우르에서 아브람을 불러 내시어 다음과 같이 언약하시었
습니다.

> 너는 너의 본토 친척 아비 집을 떠나 내가 네게 지시할 땅으
> 로 가라 내가 너로 큰 민족을 이루고 네게 복을 주어 네 이름
> 을 창대케 하리니 너는 복의 근원이 될지라 너를 축복하는
> 자에게는 내가 복을 내리고 너를 저주하는 자에게는 내가 저
> 주하리니 땅의 모든 족속이 너를 인하여 복을 얻을 것이니
> 라. (창세기 12:1~3)"

하나님은 아브람에게 언약하신 말씀대로 아브람을 인도하시어
"마침내" 가나안 땅에 이르게 하시었으며, 또한 아브라함으로 '마
침내' 창대케 하시는 축복으로 아브라함이 복의 근원이 됨을 증거
하여 주시었습니다.

"아브람이 그 아내 사래와 조카 롯과 하란에서 모은 모든 소유와 얻은 사람들을 이끌고 가나안 땅으로 가려고 떠나서 마침내 가나안 땅에 들어 갔더라." (창세기 12:5)

"그 사람이 창대하고 왕성하여 마침내 거부가 되었더라." (창세기 26:13)

모세의 '마침내의 하나님'

하나님의 종 모세는 이스라엘 백성들을 향하여 요단을 건너 약속에 땅에 들어가 거할 때에 그들이 행할 일을 가르치며, 여호와 경외하기를 교훈하였습니다. 특히 강조하여 말하기를 앞에 진을 치고 있는 강한 민족들을 두려워 말 것은 크고 두려우신 하나님이 너희 중에 함께 하시기 때문이니라 하였습니다.

또한 어떤 고난의 길에서도 낙망치 말 것을 권하면서
"네 열조도 알지 못하던 만나를 광야에서 네게 먹이셨나니 이는 다 너를 낮추시며 너를 시험하사 마침내 네게 복을 주려 하심이 었느니라.(신8:16)" 말하여 '마침내의 하나님'을 증거하였습니다.

우리 하나님은 식언치 아니하시는 하나님이시오, 하신 말씀을 꼭 이루시는 하나님이시기에 반드시 그 뜻을 이루시는 "마침내의 하나님" 되십니다.

호세야 선지자 역시 다음과 같이 우리 하나님은 '마침내의 하나님'되심을 증거하였습니다.

> 너희가 자기를 위하여 의를 심고 긍휼을 거두라
> 지금이 곧 여호와를 찾을 때니 너희 묵은 땅을 기경하라
> <u>마침내 여호와께서 임하사</u> 의를 비처럼 너희에게 내리시리라 (호세아 10:12)

이와같이 [마침내의 하나님]은 야곱의 생애를 통하여 확실하게 이를 증거하셨습니다. 야곱에게 있어서 하나님은 알파와 오메가가 되시었으며, 처음과 나중이되시어 야곱의 생애를 주관하시며, 그의 삶의 여정에 친히 관여하시며 야곱을 이끄시어 '마침내' 야곱을 아비 집으로 인도하사 야곱을 향하여 말씀하신대로, 언약하신 바를 모두 이루시었기 때문입니다.

성경은 "야곱이 가나안 땅 곧 그 아비의 우거하던 땅에 거하였으니…"라는 말씀으로 야곱에게 있어서 언약하신 대로 이루시어 하나님은 '마침내의 하나님' 되시었음을 확실하게 증거하셨습니다.

이제 '마침내의 하나님'은 예수 그리스도의 보혈의 피를 믿는 믿음으로 구원받는 성도들은 마침내 영원한 하나님의 나라, 새 예루살렘으로 안전하게 인도하실 것을 믿습니다.

야곱의 생애를 통하여 본 하나님의 구원하심과 역사하심의 단계

이제 우리는 하나님께서 우리에게 제시하시는 하나님의 구원하심의 단계와 구원 얻은 성도를 향한 하나님의 인도하심의 역사를 <u>야곱의 생애를 통하여</u> 살펴보며 말씀을 마치고자 합니다.

하나님의 백성에 대한 하나님의 구원과 은총의 역사를 로마서에서 사도 바울은 이렇게 설파하고 있습니다.

> 우리가 알거니와 하나님을 사랑하는 자 곧 그 뜻대로 부르심을 입은 자들에게는 모든 것이 합력하여 선을 이루느니라 하나님이 미리 아신 자들로 또한 그 아들의 형상을 본받게 하기 위하여 미리 정하셨으니 이는 그로 많은 형제 중에서 맏아들이되게 하려 하심이니라 또 미리 정하신 그들을 또한 부르시고 부르신 그들을 또한 의롭다 하시고 의롭다 하신 그들을 또한 영화롭게 하셨느니라 (로마서 8:28-31)

이 말씀 속에서 우리가 알 수 있는 것은   하나님의 구원과 은총의 길은 네 단계로 진행되고 있음을 보게 됩니다.

첫 단계 : 미리 택하여 정하심
둘째 단계 : 미리 택하여 정하신 자를 부르심
셋째 단계 : 부르신 자를 의롭다 하심
넷째 단계 : 의롭다 하신 자를 영화롭게 하심

첫 단계는 '미리 정하심'이요

'미리 정하심'이라 하였는 바, 이는 '택하심'보다 더 우선적인 의미가 있습니다.

구원의 역사는 하나님의 '미리 정하심'에서 시작합니다.

'미리 정하심' 속에는 하나님의 '택하심'의 의미가 함께 하여 있습니다.

야곱의 생애를 살펴보세요!

하나님의 미리 정하시고 택하심이 그 삶에 여실히 나타나고 있음을 야곱의 생애를 통하여 우리는 확인하게 됩니다.

(어미 복중에서 미리 정하심)

여호와께서 그에게 이르시되 두 국민이 네 태중에 있구나 두 민족이 네 복중에서부터 나누이리라 이 족속이 저 족속보다 강하겠고 큰 자는 어린 자를 섬기리라 하셨더라. (창세

기 25:23)

(하나님의 사랑의 대상으로 미리 정하여짐)

여호와께서 가라사대 내가 너희를 사랑하였노라 하나 너희
는 이르기를 주께서 어떻게 우리를 사랑하셨나이까 하는도
다 나 여호와가 말하노라 에서는 야곱의 형이 아니냐 그러
나 내가 야곱을 사랑하였고 에서는 미워하였으며 그의 산들
을 황무케 하였고 그의 산업을 광야의 시랑에게 붙였느니라
(말라기1:2~3)

(창세로부터 미리 정하심)

야곱아 너를 창조하신 여호와께서 이제 말씀하시느니라 이
스라엘아 너를 조성하신 자가 이제 말씀하시느니라 너는 두
려워 말라 내가 너를 구속하였고 내가 너를 지명하여 불렀
나니 너는 내 것이라 네가 물 가운데로 지날 때에 내가 함께
할 것이라 강을 건널 때에 물이 너를 침몰치 못할 것이며 네
가 불 가운데로 행할 때에 타지도 아니할 것이요 불꽃이 너
를 사르지도 못하리니 대저 나는 여호와 네 하나님이요 이
스라엘의 거룩한 자요 네 구원 자임이라 내가 애굽을 너의
속량물로, 구스와 스바를 너의 대신으로 주었노라. (이사야
41:1-7)

하나님은 갈대아 우르에 거하던 아브람을 미리 정하시고 택하여 부르사, 믿음의 조상으로 삼으시었습니다. 또한 아브라함을 복의 근원으로 미리 정하시어 아브라함으로 말미암아 만민이 복을 받게 하시었습니다.

하나님의 마음에 합한 자가 되어 하나님의 뜻을 다 이루도록 부르심을 받은 다윗은 하나님의 미리 정하여 택하심을 이렇게 증거하고 있습니다.

> 주 여호와여 주는 나의 소망이시요 나의 어릴 때부터 의지시라 내가 모태에서부터 주의 붙드신 바 되었으며 내 어미 배에서 주의 취하여 내신바 되었 사오니 나는 항상 주를 찬송하리이다 (시편 71:5~6)

믿음의 면에서

'미리 정하시고 택하심'에 대하여 생각하여 보겠습니다.
믿음은 우리들이 구원받는 근거가 됩니다.

믿음으로 구원하시는 하나님이십니다. 그 아들 예수 그리스도를 믿는 자에게 하나님의 구원하심이 있다 하였습니다. 그런데 이 믿음은 하나님의 선물이라 하였습니다.

선물이란 선물을 주시는 분의 '미리 정하심'에서 시작합니다.

우리가 백화점에 가서 선물을 사고자 할 때에, 아주 막연하게 계획도 없이, 선물을 받을 대상도 정하지 않고, 선물을 구입하지는 않을 것입니다. 적어도 선물을 구입하고자 할 때에는 그 선물을 받을 대상을 미리 정하고 선물을 구입할 것입니다.

좀 더 세심한 사람이라면 선물을 받을 대상의 취향까지 고려하고, 그의 호불호를 따져 선물을 구입할 것입니다. 이와같이 선물은 내가 누구에게 선물하겠다는 미리 정하심이 있고, 주는 분의 의도가 있고, 무엇을 주어야겠다는 선택이 있는 것입니다.

선물을 사기 전에 미리 선물을 줄 사람을 정하는 것처럼, 믿음이 하나님의 선물일진데, 미리 정한 하나님의 택하심이 있는 것이며, 이로 인하여 확언하건대 구원은 하나님께로서 나는 것입니다. 그러기에 믿음으로 얻은 구원은 자랑하는 것이 아니며, 구원에는 감사만이 있어야 할 것입니다.

하나님의 미리 택하여 정하심에 대한 정당성

하나님의 선택하여 미리 정하심에 대한 인간의 불만에 대하여 사도 바울은 토기장이의 비유을 들어 설명함으로 하나님의 선택하심에 대한 정당성을 강한 어조를 증거하고 있습니다.

혹 네가 내게 말하기를 그러면 하나님이 어찌하여허물하시느뇨 누가 그 뜻을 대적하느뇨 하리니 이 사람아 네가 뉘기에 감히 하나님을 힐문하느뇨 지음을 받은 물건이 지은 자에게 어찌 나를 이같이 만들었느냐 말하겠느뇨 토기장이가 진흙 한 덩이로 하나는 귀히 쓸 그릇을, 하나는 천히 쓸 그릇을 만드는 권이 없느냐 만일 하나님이 그 진노를 보이시고 그 능력을 알게 하고자 하사 멸하기로 준비된 진노의 그릇을 오래 참으심으로 관용하시고 또한 영광 받기로 예비하신 바 긍휼의 그릇에 대하여그 영광의 부요함을 알게하고자 하셨을지라도 무슨 말 하리요 (로마서 9:19-23)

이사야 선지자는 한 걸음 더 나아가 강한 톤으로 미리 택하여 정하심에 대하여 반론을 가진 자를 향하여 "화있으리라."라고 책망하고 있습니다.

질그릇 조각 중 한 조각 같은 자가 자기를 지으신 자로 더불어 다툴진대 화 있을진저 진흙이 토기장이를 대하여 너는 무엇을 만드느뇨 할 수 있겠으며 너의 만든 것이 너를 가리켜 그는 손이 없다 할 수 있겠느뇨 아비에게 묻기를 네가 무엇을 낳느냐 어미에게 묻기를 네가 무엇을 낳으려고 구로하느냐 하는 자에게 화 있을진저 (이사야 45:9~10)

우리 하나님은 창조주 하나님되십니다.

우리 하나님은 우리를 지으신 이시오, 우리를 조성하신 분이시며, 모태로부터 우리를 택하신 분이시라는 것이 말씀에 비추어 볼 때 확실하여졌습니다.

둘째 단계는 택하심을 입은 자에 대한 부르심이요

하나님은 야곱을 수시로 일마다 때마다 찾아주시며 부르시어 행할 길을 지도하시었습니다. 때로는 하나님께서 야곱을 위하여 행하실 것(창 31:11-12)을 지시하시었으며, 특별히 야곱을 찾아오사 야곱과 씨름하시며, 야곱이 마땅히 행할 길을 알게 하시며, 복의 길로 인도하시었습니다.

하나님은 야곱아! 부르시며 격려하시며, 위로하시며 용기를 북돋아 주시는가 하면(사 43:1-13) 야곱을 통하여 큰 일을 행할 것 (사 41:14-15)을 언약하시기도 하시었습니다.

이러한 부르심의 역사가 택하사 세우신 야곱에게는 있었으나, 택함을 입지 못한 에서에게는 전혀 부르심이 없었다는 것입니다.

당신에게는 하나님의 부르심이 있었나요?
자신에게 솔직하고 충실하십시오. 다시 묻습니다.

하나님의 부르심이 있었나요?

창세로 아담을 부르신 하나님은 아브라함을 부르시었고, 이삭을, 야곱을, 모세를 부르시었습니다. 예수님은 12제자를 부르시었으며, 다메섹 도상에서는 사울을 부르시어 위대한 사도인 바울로 세우시었습니다.

우리 하나님은 죽은 자의 하나님이 아니요, 산 자의 하나님이시며, 말씀하시는 하나님이십니다.

살아계시는 하나님을 믿으시나요?
살아계시는 하나님은 말 못하는 벙어리가 아니며, 말씀하시며, 택하신 자를 부르시는 하나님이십니다. 어제에 택하신 자를 부르신 하나님은 지금도 살아계셔서 택하신 자를 부르시며 말씀하시는 하나님이십니다.

하나님의 부르심에는 두 종류의 부르심이 있습니다.
하나는 구원에의 부르심이요,
또 다른 하나는 제자로서, 즉 사역자로서의 부르심입니다.
오늘날 두가지의 부르심에 대하여 혼돈을 하는 경우가 많은 것 같아 안타까움이 있습니다.

구원에의 부르심은 세상의 모든 사람들을 향한 부르심입니다.
그러나 사역자로서의 부르심에는 특별함이 있습니다.

세상에서 사업에 실패하고, 마땅히 할 일이 없으니 신학이나 할
까 하여서 된 목회자가 아닌, 진정 사역자로서의 부르심을 있어야
만 하며, 그 부르심을 들어야만 합니다.

특별히 사명자로서 부르심이 있었나요?
주의 종으로 부르시는 부르심이 있었나요?
저의 체험적인 신앙으로는 사역자로서의 '부르심'이 반드시 있어
야 한다고 생각합니다.

예수님은 당신의 제자들을 택하시어 일일이 불러 사명자로 세우
시었음을 기억하여야 합니다. 베드로와 열한 제자를 세우심에 있어
서 당신이 친히 택하여 불러 제자로 삼으신 것입니다.
예수님은 자신이 스스로 주님의 제자로 따르겠다고하는 사람에
대하여 "그렇다면 너도 나를 따르라. 내가 너를 제자로 삼겠노라."
하지 아니 하셨습니다. 다시 말씀을 드리면 사역자에 대한 주님의
뜻에 따른 선별적인 부르심이 있었다는 말입니다.

예를 들어 말씀을 드리고자 합니다.
누가복음 8장에서 살펴보면(마태복음 8:18~22)

한 서기관이 나아와 예수께 말씀하되 "선생님이여 어디로 가시든지 저는 좇으리이다." 하니 예수께서 그에게 말씀하시기를 "여우도 굴이 있고 공중의 새도 거처가 있으되 오직 인자는 머리 둘 곳이 없다."하시며 거절하시었습니다.

그런데 제자 중에 한 사람이 예수께 나아와 "주여 나로 먼저 가서 내 부친을 장사하게 허락하옵소서."하고 간청을 드리자 예수께서 그 제자에게 말씀하시기를 "죽은 자들로 저희 죽은 자를 장사하게 하고 너는 나를 좇으라." 하시며, 강력하게 주님을 좇을 것을 주문하시었습니다.

그런가 하면 마가복음 5장에서는 더러운 귀신 들린 자가 예수를 만나 고침을 받았습니다. 예수께서 그를 향하여 "더러운 귀신아 그 사람에게서 나오라." 명하시매 그에게 들었던 더러운 군대 귀신이 나가고 정신이 온전하여졌습니다. 이에 그 군대 귀신 들렸다가 깨끗함을 받은 자가 예수께 나아와 함께 있기를 간구하였으나 예수는 허락하지 아니하였습니다.

이로보건데 은혜를 입고 구원을 받는 것과 제자로서 부름을 받아 주님과 함께 하는 것과는 다른 것임을 알게 됩니다.

사역자로서의 부르심을 어떻게 듣느냐고 반문하는 사람이 있다면 이렇게 대답을 드리고자 합니다. 당신이 진정 사역자로서 택하심을 입은 자라면 당신에게 들을 귀를 주실 것입니다.

다메섹 도상의 사울을 생각하십시오.(사도행전 22:6-15)
사울을 부르시며 말씀하시는 주의 음성을 사울은 분명한 음성으로 들을 수 있었으나 함께 하던 주위의 사람들은 그 음성을 듣지를 못하였습니다. 사울을 주의 사역자로 쓰시고자 부르심에 대하여 특별한 음성이 사울에게 있었다는 이야기입니다.
당신이 진정 하나님이 택하신 사역자라면 이러한 '특별한 부르심'이 있어야 할 것입니다.

셋째 단계는 부르심을 입은 자를 의롭다 하심이요

하나님의 부르심에는 후회함이 없다(롬 11:29) 하였거니와 하나님은 부르심을 입은 자를 의롭게 하시겠다는 것입니다.

욥바에 있는 무두장이 시몬의 집에서 체험한 베드로의 환상은 우리에게 '의롭다 하심은 하나님께 있다.'는 진리를 분명하게 가르쳐 주고 있습니다.

시장하여 먹고자 하매 사람이 준비할 때에 비몽사몽간에 하늘이 열리며 한 그릇이 내려오는 것을 보니 큰 보자기 같고 네 귀를 매어 땅에 드리웠더라 그 안에는 땅에 있는 각색 네 발 가진 짐승과 기는 것과 공중에 나는 것들이 있는데 또 소리가 있으되 베드로야 일어나 잡아 먹으라 하거늘 베드로가 가로되 주여 그럴 수 없나이다 속되고 깨끗지 아니한 물건을 내가 언제든지 먹지 아니하였삽나이다 한 대 또 두번째 소리 있으되 하나님께서 깨끗케 하신 것을 네가 속되다 하지 말라 하더라 (사도행전 10:9~15)

우리를 깨끗케 하시는 힘은 하나님께 있습니다.
우리를 의롭다 하실 분도 하나님이십니다.
믿음이란 하나님의 눈으로 세상을 보는 것입니다.

속되고 깨끗지 아니한 것들 속에서 하나님의 깨끗케 하신 것들을 보는 것이 믿음이 아닌가 생각합니다. 즉 하나님의 기준으로 세상을 보는 것이 믿음입니다.

우리가 믿음에 서기 위하여서는 나의 생각, 나의 기준, 나의 판단에서 벗어나 하나님의 생각을 받아들이고, 하나님의 기준에 서서 세상을 보며, 하나님의 판단을 겸허하게 받아들이는 것이 믿음입니다.

하나님의 사람, 하나님의 마음에 합한 자가 되어 하나님의 뜻을 모두 이루어드린 다윗은 다음과 같이 노래하였습니다.

여호와여 주는 의로우시고 주의 판단은 정직하시니이다. (시 119:137)

주의 판단을 인하여 시온산은 기뻐하고 유다의 딸들은 즐거워할지어다. (시 48:11)

다윗은 진정 하나님의 사람들이요, 주의 백성들이라면 주의 판단이 의로우시며, 정직함을 고백하고, 그 판단으로 인하여 기뻐하고 즐거워한다고 노래하였습니다.

이스라엘!
그 이름 속에 담겨진 귀중한 하나님의 판단이 있습니다.
야곱을 향한 하나님의 판단은 "의롭다."라는 것입니다.

당신은 믿음에 서 있습니까? 하나님의 판단을 받아들일 준비가 되어 있나요?

여기 예수님의 증언이 있습니다.
"보라! 이는 참 이스라엘 사람이라 그 속에 간사한 것이 없도다.(요1:47)"
이 말씀은 진정 이스라엘이라면 그는 간사한 사람이 아니라는 말입니다. 야곱은 바로 하나님이 친히 택하여 세우신 [이스라엘]

입니다.

하나님께서 야곱에게 친히 이스라엘이라는 이름을 지어 주신 것입니다. 이 이름 속에 의롭다 하심의 하나님의 뜻이 담겨 있다는 말입니다.

여기 보세요!

하나님께서는 아브람을 향하여 말씀하시기를 "이제 후로는 네 이름을 아브람이라하지 아니하고 아브라함이라 하리니 이는 내가 너로 열국의 아비가 되게 함이니라.(창17:5~6)" 하시었으며, 아브라함의 아내인 사래에 대하여 아브라함에게 이르시기를 "네 아내 사래는 이름을 사래라 하지 말고 그 이름을 사라라 하라 내가 그에게 복을 주어 그로 네게 아들을 낳아주게 하며 내가 그에게 복을 주어 그로 열국의 어미가 되게 하리니 민족의 열왕이 그에게서 나리라.(창17:15~16)" 말씀하시었습니다.

이와같이 하나님께서는 친히 야곱에게 '이스라엘'이라는 이름을 지어 주시었으며, 또한 그렇게 부르라고 명하신 것입니다. 이는 그 속에 간사한 것이 없는 사람이라는 말입니다.

야곱이 거짓말쟁이가 아니며, 교활하게 남의 약점을 이용하여 남의 것을 빼앗는 자가 아닙니다. 하나님의 판단에 의하면 결코 그럴 수 없는 자라는 말입니다. 우리는 이스라엘(야곱)을 향하신 예수님의 판단, 의로운 자라 하는 예수님의 판단을 겸허하게 받아 들여야 할 것입니다.

하나님은 야곱을 부르시었고, 부르신 야곱을 의롭다 인치셨습니다.

넷째 단계는 의롭다 하신 자를 영화롭게 하시는 것입니다.

구원하심의 마지막 단계는 '영화롭게 하신다' 하셨습니다.

'영화롭다'는 말은 무엇을 말할까요? 여기서 영화롭다는 말에는 '존귀함'과 '거룩함'과 '영광'과 '복스러움'이 함축적으로 포함된 말이라 생각합니다. 그렇다면 무엇을 가르쳐 '영화롭다'라고 표현할 수 있겠습니까?

인생의 삶을 말하며 [그의 삶은 참으로 영화로웠다.]라고 말할 수 있는 삶은 어떤 삶을 말할까요?

얼마나 거룩하여야, 얼마나 희생하여야, 얼마나 존귀하여야, 얼마나 권세를 누려야, 얼마나 세인으로부터 존경받는 삶을 살아야, 얼마나 부귀와 영광을 누려야 [그의 일생은 영화로웠다]라고 말할 수 있을까요?

인생의 부귀와 영화를 말하며, 세상에서 누릴 수 있는 영광을 논하자면 지혜의 왕 솔로몬보다 더 한 사람이 있을까요? 아마도 이 세상에는 존재하지 않을 것입니다.

이러한 지혜의 왕 솔로몬은 그의 잠언서에서 이르기를

> "헛되고 헛되며 헛되고 헛되니 모든 것이 헛되도다. 사람이
> 해 아래서 수고하는 모든 수고가 자기에게 무엇이 유익한
> 고?" 하며 "해 아래서 행하는 모든 일을 본즉 다 헛되어 바
> 람을 잡으려는 것이라." 하였습니다.

인생이 '영화로운 것'이라고 목숨처럼 붙들고 있는 것들이 풀의
꽃처럼 시들어 버린 후에 인생이 느끼는 허무함이란 말로 표현하
기가 힘들 것입니다.

그렇다면 영화로움은 어디에서 얻어지나요?
영화로움이란 영화로우신 하나님께로부터 주어지는 것입니다.
인생의 영화로움은 인생에서 우러나는 것이 아니라, 영화로우신
하나님이 함께 하여 주심에 있는 것입니다. 이 영화로움은 시들지
아니하고, 쇠하지 아니하는 영화입니다.

예수님은 이르시기를 "너희는 세상의 등불이라." 하시며 "일어나
라 빛을 발하라."하십니다. 그러나 우리가 빛이 아닙니다. 우리가
빛을 발할 수 있는 것은 오직 빛되신 주님이 함께 하실 때에 빛을

발할 수 있는 것입니다.

 이와같이 영화로움 또한 영광 중에 거하시며
영화로우신 하나님이 함께 하실 때 이루어지는 것입니다.

 하나님은 야곱의 일생에 함께 하여 주시었습니다.
 영화로우신 하나님께서는 "내가 너와 함께 하며, 떠나지 아니하
리라." 언약하신 대로 일생을 야곱과 함께 하시어 야곱을 영화롭게
하시었습니다.

 이상과 같이 하나님은 야곱의 생애를 통하여 하나님의 구원하심
의 역사를 이루어가심을 확실하게 보여 주셨으며, 택하심을 입은
자에 대한 하나님의 관심과 은총이 어떠함을 보여 주시었습니다.

 야곱이 바로 이스라엘이요, 하나님은 이스라엘의 하나님이 되시
었으며, 야곱과 함께 하시어, '마침내' 언약하신 모든 것을 이루시
었습니다.
 이스라엘의 하나님을 찬양합니다.

하나님의 눈으로 본 야곱, 그는 이스라엘이었다

간증을 시작하며

1978년 2월, 신학교를 졸업하고 2019년 10월 목회를 마치는 그 순간까지, 주께서 내게 베푸신 수많은 은혜를 회고 해 봅니다. 만 입이 내게 있어도 그 은혜를 어떻게 다 감사 할 수 있으리오!

주께서 허락하신 감동의 역사를 여러분과 나누고 싶어 펜을 들었습니다. 자리에 앉아 부족한 종을 통해 행하신 하나님의 열심을 증언 하려니 수많은 기적을 어디서부터, 어떻게, 어떤 말로 시작해야 하나 망설여집니다.

그리고 다른 한편으로 두려운 마음이 있습니다.

내 간증이 하나님의 영광을 드러내기는커녕 도리어 그분의 영광을 가리지 않을까 하는 염려 때문입니다. 이 때문에 강대상을 떠난 후에도 간증의 자리에 서기까지 오랜 시간이 필요 했습니다.

코람데오(Coram Deo)!

하나님 앞에서 매 순간 살아가는 신앙인으로서 거짓 간증이 목회를 마친 은퇴 목회자 앞에 어떤 유익이 있겠습니까. 유익은 고사하고 장차 하나님 앞에 설 때 들을 책망과 심판을 생각하니 두려움이 앞섭니다. 그럼에도 제가 이 모든 것을 기록 하는 것은 한 분이라도 읽어 그 은혜를 나누고 싶기 때문입니다. 그것으로 저는 만족합니다.

　주께서 허락하신 사연들이 많으나 그 모든 것을 다 기록할 수는 없고, 다만 몇 가지의 사건만을 글로 담아 보고자 합니다. 내가 받은 바 그 은혜를 함께 나눌 수 있기를 소망하며 용기를 내어서 하나님의 인도하심을 꾸밈없이 담담하게 기록하였습니다.
　부디 하나님의 은혜가 함께 하기를 기도합니다.

　　　　　　　　　　신내동에서 주의 종 목사 김 세 광

간증 1
소명

목회의 소명이 없던 저는 일반 대학을 졸업 했습니다.

당시에 아버님은 전라북도 정읍시 장재동에 소재하여 있는 교회에서 목회를 하고 계실 때였습니다.

신학교에 가서 신학을 마치고 목회를 하라고 권유하시는 부모님에게 제가 말씀을 드리기를, 부모님이 자녀를 목회자로 바치기로 서원하시고, 20여년이 넘는 세월 동안을 눈물로 기도하시며 하나님께 서원하신 바를 이루어 달라 기도하시었는데, 그것은 첫 자녀인 형을 목회자로 세우기로 서원하신 것이 아닙니까? 그 많은 눈물의 기도의 세월은 나를 위한 것이 아니고 형을 위한 것이 아닙니까? 그런데 둘째인 내가 왜 신학을 하여야 하느냐고 하며 강력하게 저항(?)하였습니다. 성경에도 첫 새끼는 하나님의 것으로 구별하지 않았습니까 하며, 조금은 알량한 성경지식을 들어 신학을 하라는 부모님의 제안에 극구 반대를 하였습니다.

힘든 목회생활을 어려서부터 보아온 저로서는 부모님의 강력한 권유에도 불구하고 신학을 할 마음이 전혀 없었습니다. 꼭 신학을 하고 목회를 하여야 하나님을 섬기는 것이 아니지 않느냐 경영대를 졸업하였으니 취직하여 돈을 벌어 물질로 교회를 섬기겠노라고 말씀을 드렸습니다.

학교를 졸업하고 취업을 위해 고향을 떠나 서울로 향했습니다. 서울 답십리에 있는 작은 아버지 댁에서 먹고 자며 준비하기로 이야기가 되어 있었습니다. 그 곳에 거주하며 주로 밤에 조용한 시간을 이용하여 공부하고 낮에는 잠을 자는 그런 생활을 하고 있었습니다. 좋은 회사, 큰 회사에 취직 해 부모님께 도움을 드려야지 마음먹었습니다.

그 날도 밤을 새워 공부 한 후 낮에 자고 있는데 이상한 꿈을 꾸었습니다. 시골에서 목회 하시는 아버지께로부터 엽서 한 장이 오는 꿈이었습니다. 엽서에 큰 글씨로 선명하게 '27일' 이라고 쓰여있고 '급히 집으로 내려오라'는 내용이 적혀 있었습니다.

꿈에서 엽서를 읽고 놀라는 중에 작은 어머님께서 저를 깨우셨습니다. 그리고는 "세광아, 집에서 엽서가 왔다"하시는 것이 아닙니까. 주시는 엽서를 받아들고 깜짝 놀랐습니다. 시골에 계신 아버지께서 보낸 엽서인데 방금 전 꾼 꿈과 같은 날자, 같은 내용이 적혀 있었습니다.

'27일 까지 속히 집으로 내려오라'

엽서를 받아든 나는 생각하기를 필경은 집에 큰 일이 났나 싶었습니다.

'27일' 달력을 보니 이틀 후입니다.

걱정이 된 나는 놀란 가슴을 추스르며 공부하던 책들을 급히 챙겨 시골집으로 향했습니다. 고속버스를 타고 집으로 가는 동안 온갖 걱정이 밀려와 심란했습니다. 버스에서 내려 뛰다시피 집에 도착하니 마당에 계시던 아버지께서 저를 맞아 주셨습니다.

"아버지, 무슨 일이예요? 어떻게 전보까지 치셨어요?"
"응, 너 신학교 가라고......"

나는 너무 어이가 없었습니다. 오면서 내내 걱정 한 것이 바보같이 느껴졌습니다.

"아니, 아버지, 제가 신학을 하지 않겠다 여러 번 말씀 드렸잖아요. 왜 이런 일로 취업 준비중인 아들을 여기까지 부르십니까. 집에 아무 일도 없다니 다시 서울로 올라 가렵니다"

말씀을 드리고 몇 날을 집에서 묵은 후에 다시 서울을 향하여 집을 나섰습니다.

집에서 출발하여 지금은 정주시가 된 정읍 시외버스터미널에 도착했습니다. 서울로 가는 버스표를 사려다가 문득 대전에 사는 누나 생각이 났습니다. 누나 얼굴 본 지도 오래 되었고 매형도 보고 싶어 하여 일단 누나집을 들렸다가 서울로 가려고 대전행 그레이하운드에 몸을 실었습니다. 육사를 졸업하신 매형은 직업군인으로 대전 3관구 사령부 작전참모로 근무 중이었습니다.

대전에 도착하니 누나가 반겨주었습니다. 집에 들어가 내놓은 다과를 먹으며 이런저런 이야기를 나누는 중에

"너 서울 올라가기 전에 막내 다니는 신학교 구경 갈래? 오늘 매형이 쉬는 날이니 매형 지프차 타고 바람도 쐴겸"

라고 했습니다. 시간도 있고 바쁜 일도 없으니 가기로 했습니다. 여동생이 다니는 신학교라 겸사겸사 나섰습니다. 게다가 당시 일반인은 구경하기도 힘든 지프차를 타고 대전 시내 구경을 시켜 준다니 마다할 이유가 없었지요.

동생이 다니는 학교는 대전침례신학교로 도착해 보니 작고 아담하니 분위기가 마음에 들었습니다. 교정을 둘러보고 교무실에 들어갔습니다. 마침 난로 옆에 교수로 보이는 세 분이 서서 불을 쬐고 계셨습니다. 교무실을 기웃 거리는 저를 보더니 물었습니다.
"어떻게 오셨습니까. 무엇을 도와 드릴까요?"

학교 구경왔다 대답하기 멋쩍어 제 동생 이름을 대며 학교를 잠시 둘러보러 왔다 대답했습니다. 그러자 세 분께서 반색을 하며 마치 기다리고 있었다는 듯이 이야기 하시는게 아닙니까.

"아, 마침 잘 오셨습니다. 오늘 우리 학교가 입학시험을 치르는 날입니다. 그러니 오신 김에 시험 한번 보고 가십시오."

저는 너무도 이외의 말에 어안이 벙벙하여 물었습니다.
"예? 저는 이 학교에 입학 원서를 안 냈는데요? 그냥 구경 하려고 한번 온 겁니다"
"아니, 괜찮습니다. 지금 교실에 들어 가셔서 시험 보셔도 됩니다. 어서 들어가세요"

하며 등을 떠밀다시피 하며 교실로 저를 시험장으로 안내하였습니다. 시험장에 억지로 들어가 보니 모두 열심히 시험 문제를 풀고 있었습니다. 저도 뒷 자리에 앉아 그래, 신학교 시험은 어떤 문제가 나오나 싶어 시험지를 받았습니다. 시험 시간이 끝나고 교실을 나서는데 어떤 문제를 어떻게 풀었는지, 답은 뭐라고 썼는지 하나도 기억이 나지 않았습니다. 밖에서 나오는 나를 기다리던 누나가

"동생, 필기 시험을 봤으니 면접도 보고 가렴"

하는 것이 아닙니까. 그래 기왕 이렇게 된 거 자빠진 김에 쉬어 간다는 심정으로 면접실을 향했습니다. 면접실에 들어가니 그 학교 학장인 미국인 선교사와 교무과장인 교수님 한 분이 면접 보러 들어오는 저를 기다리고 있었습니다. 자리에 앉기가 무섭게 교수님이 묻습니다.

"목회자로서 소명을 받았습니까?"
"소명이 무엇입니까? 취칙 하러 서울로 가다가 누나 집에 잠시 들러 동생 보고 가려고 온 것 뿐입니다." 하며 취업을 위한 책이 든 가방을 들어 보였습니다. 그러자 학장이 회전 의자를 돌려 옆으로 앉아 버렸습니다. 소명이 없으니 목회자는 틀렸다는 말이겠지? 그러거나 말거나 신학 할 생각이 전혀 없었으니 개의치 않았습니다. 교수님이 다시 질문 했습니다.

"아버님이 목회자시지요?
"예, 그렇습니다."

그리고 몇 가지 질문을 더 했습니다. 면접이 끝나고 서울로 가기 위해 신학교의 현관문을 막 나서는데 어디서 음성이 들려 왔습니다.
"너는 목사다."

내 귀로도, 그리고 마음으로도 확실하고 똑똑하게 들려 왔습니다. 마치 누가 내 귀와 마음에 대고 큰 소리로 외치는 것 같았습니다. 이 소리는 목회를 끝내고 은퇴한 지금도 생생하게 남아 있습니다.

정말 희한한 일입니다.
"너는 목사다!"
그 소리를 들은 후 순식간에 마음이 완전히 바뀌었습니다. 누나에게는 이렇다 저렇다 말 한마디 없이 서울로 가던 발걸음을 돌려 시골집으로 돌아갔습니다. 아버지께서 시무 하시는 시골 교회로 돌아 온 나는 취직 준비를 위한 책으로 가득한 가방을 던져 버리고 그때부터 모포 한 장, 성경책 한 권, 찬송가 한 권만 들고 기도원을 다니기 시작 했습니다.

무엇에 이끌려 다녔는지? 어디서 그런 열정이 내 안에 있었는지?
모르겠습니다. 다만 내가 확신하는 한가지는 나를 목회자로 부르신 전능의 하나님께서 그 손으로 저를 이끌고 가신다는 것뿐입니다.

신학교에서 연락이 왔습니다. 합격 했다는 입학허가 통지서입니다.
이렇게 제 신학교 생활이 시작됐습니다.

대전의 작은 신학교를 졸업하고 40여년의 목회 생활은 그야말로 은혜로 인도하심뿐이었습니다. 목회자의 삶을 강하게 거부하던 내게 '너는 목사다!' 라고 하는 음성을 들려 주셨습니다. 이 거룩한 음성으로 제 완악한 마음을 단번에 녹이신 분이 하나님이심을 확신합니다.

'부르심'의 소명은 하나님께서 그의 백성 된 자에게 첫 번째로 행하시는 역사입니다.

살아계시는 하나님은 지금도 주의 종들을 부르십니다. 주의 사명자, 그 분의 종은 부르심의 확신이 있어야 합니다. 하나님의 부르심에 대한 확신과 소명에 대해 가르치며 말 합니다.

아담아 하고 부르신 하나님은 아브라함을 부르시고 모세를 부르셨습니다. 예수님은 제자들을 한 사람 한 사람 부르시고 제자 삼았으며, 다메섹 길에서 사울을 불러 바울 삼고 위대한 주의 사역을 이루셨습니다. 그 부르심의 역사가 지금도 계속되고 있음을 저의 생생한 체험을 통해 확신합니다.

간증 2
너의 삶을 책임지리라

1978년 2월, 신학교를 졸업하고 전라도 정읍의 한 교회 전도사로 부임했습니다. 목회자가 떠나고 없는 사역지로 마을 어린이집을 빌려 예배를 드리는 어려운 형편의 개척교회였습니다. 장년 교인이 일곱, 여덟 분. 그 중 세 분이 집사직분을 받으셨고 어린이가 열 명 정도 출석했습니다. 교회와 좀 떨어진 곳에 저의 살림집으로 방 하나를 빌렸습니다. 주인집 처마에 붙여 지은 셋방으로 방문을 열면 바로 부엌이 있는 사글세 방입니다.

부임하고 반 년 쯤 지났을 때입니다.
금요일 저녁으로 기억 합니다. 저는 방에서 주일 말씀 준비를, 집사람은 부엌에서 저녁 준비가 한창이었습니다. 이 때 제가 뜬금없이 부엌에서 일하는 아내에게 지나가는 말로 물었습니다.

"여보, 지금 우리 집에 뭐가 필요하지?"
"자전거요. 자전거가 필요 하지요."

마치 제가 질문 할 것을 알고 있었다는 듯 단번에 대답이 나왔습니다. 몇 안 되는 교인이지만 어떤 가정은 시내에, 또 어떤 가정은 논두렁을 따라 한참을 걸어가야 하는 곳에 사니 심방을 위해 자전거가 필요 하다는 겁니다.

한 주의 주일 헌금이 몇 천원에 불과한 교회에서 자전거를 구입하여 탄다는 것은 언감생심, 꿈에도 생각할 수 없는 사치였지요.

"그래? 그러면 자전거 다음엔 뭐가 필요하지?

"당신 새 양복이 필요하지요."

역시 거침없는 대답입니다. 변변한 양복 한 벌 없이 강대상에 서는 남편이 아쉬웠던 모양입니다. 가진 것 없이 결혼을 했으니 온통 부족한 것뿐입니다. 망설임 없는 대답이 재미있어 또 물었습니다.

"그 다음은?"

"새 구두가 있으면 좋겠어요."

심방을 위하여 당신 따라 걷다보면 구두 뒤축이 닳은 것만 보여 마음이 편치 않다고도 하였습니다.

"그리고는 다음" 하고 묻는 저에게 이제는 자질구레한 부엌살림이 나옵니다.

이제는 좀 더 자질구레한 부엌살림이 무엇이 필요하고, 무엇이 필요하고, 말하는 집사람을 향하여 제가 이렇게 말하였습니다.

"거기까지 ……"하면서 말을 끊었습니다.

이렇게 이야기를 나눈 다음날입니다.

다음날인 토요일 일찍, 우리 부부는 심방을 가기 위해 시내로 향했습니다. 가는 길에 자전거 상점을 지나치다가 어제 아내와 나눈 대화가 생각났습니다. 그래, 들어가서 구경이라도 하자 생각하고 가게 문을 열고 들어서니 주인이 환하게 웃으며 맞아줍니다. 아마도 시골 마을에서 넥타이며 양복을 차려입은 젊은이가 자전거를 본다고 들어서니 반가웠겠지요. 낡은 양복 소매단과 닳고 닳은 구두 뒤축은 보이지 않았나 봅니다. 한참 어린 저희 부부를 깍듯하게 대하며 자전거를 설명해 주셨습니다.

주머니에 동전 한 푼 없이 설명을 들으려니 부담이 됐습니다. 그 와중에도 마음에 꼭 드는 자전거가 보이니 미안하다는 생각까지 들었습니다. '신원스노다' 그 자전거 이름입니다. 신사용 자전거로 번쩍번쩍 최고급입니다. 전도사가 심방을 가려면 이 정도는 타야지, 하는 마음에 얼마인지 물었습니다.

"오만오천원인데 사신다면 오천원은 깎아 드리지요."

살 수 있는 힘이 없는 나는 더 이야기하는 것이 주인에게 폐가 될 것 같아서 다음에 다시 오겠다고 하고서 가게를 빠른 걸음으로 빠져 나왔습니다.

그리고 그 날 심방을 마쳤습니다.

그리고 바로 다음날 주일 아침이 되었습니다.
새벽예배를 마치고 돌아와 집에서 아침 먹을 준비를 하고 있었습니다. 그런데 문 앞에서 "전도사님" 하며 저를 찾습니다.
"예, 누구세요"
"김 집사입니다. 전도사님, 오늘 주일 예배드리러 오실 때 자전거타고 오셔요"

이 소리를 듣고 미처 방문을 열고 밖을 내다보기 전에 순간 머리는 스치는 생각은 '아니 교회가 조금 멀기로 서니 자기가 가게를 하면서 야채를 실어 나를 때 타는 딸딸이를 타고오라는 말인가?' 하고 방안에서 생각하였습니다.

김집사님은 마을에서 자그마한 구멍가게를 운영하며, 여러 가지 야채도 팔았는데, 가게에서 쓰는 자전거가 있었습니다. 지금도 시골 장터에 가면 눈에 띄기도 합니다만은 왜 자전거를 세우고 물건을 싣기 위하여 뒤에 삼발이가 달려 있는 자전거 말입니다. 혹여 삼발이의 스프링이 시원치 않으면 달리면서 삼발이가 땅에 부딪쳐 탈, 탈, 탈 소리가 났습니다.
그런 자전거를 타고 오라는 것인지 의심하며 문을 열고 밖으로 나왔습니다.

밖으로 나온 저는 정말로 깜짝 놀랐습니다.

한 마디로 번쩍 번쩍하는 새 자전거가 문 앞에 놓여 있는 것입니다.

새 자전거일 뿐만 아니라, 그것도 신원스노다 신사용 자전거였기 때문입니다. 저는 제 눈을 의심하였습니다. 바로 어제 오후 심방하면서 자전거 가게에 들려 제가 눈으로 점찍어 두었던 바로 그 자전거였던 것입니다.

'세상에 이럴 수가.....' 말문이 막혔습니다.

하여간 너무 기뻐 아침밥을 먹는 둥 마는 둥 하고 서둘러 교회로 향하였습니다. 새 자전거에 올라 사모를 향하여 "뒤에 올라 타" 하고 타는 것 보고 페달을 밟아 달리기 시작하였습니다. 얼마를 달리다 보니 뒤가 가벼운 거예요 그래 뒤를 돌아보니 뒤에 타고 있어야 할 사모가 없는 것입니다.

이런! 사모가 자전거에서 떨어진 것입니다. 저 멀리 뒤에서 사모가 터덜터덜 걸어오는 것이지요. 너무 기분이 좋아서 미처 뒤에 신경이 가지 않은 것입니다. 다시 사모를 태우고 교회로 향하였습니다.

그 날 주일 낮 예배를 마치고 나서 더욱 놀라운 기적이 있었습니다.

예배 중 광고 시간에 '어느 성도께서 저에게 자전거를 선물로 주셨으니 심방을 열심히 해 달라는 말씀으로 알겠습니다. 감사합니다.'하고 광고를 마쳤습니다. 예배를 마치자 김00 집사님과 정00

집사님, 서00집사님 세 분이 헌금을 계수 하시는데 서00 집사님이 제게 말씀하시는 것 아닙니까.

"전도사님. 제가 한 발 늦었습니다. 하나님께 복 받을 기회를 놓쳐버렸네요."

"네? 무슨 말씀이십니까?"

"실은 보름 전부터 '전도사님 자전거, 전도사님 자전거' 하는 마음의 감동이 왔는데 제가 하는 가게가 조금만 더 잘 되면 사 드려야지 하면서 미뤄 왔습니다. 그런데 예배 광고 시간에 하시는 말씀을 들으니 '제가 하나님의 감동을 받고 바로 순종 했어야 하는데....' 하는 마음에 가슴이 철렁 내려앉았습니다. 이제 회개하는 마음으로 저는 전도사님에게 더 값진 양복을 맞추어 드립니다. 지금 가시지요." 하는 것입니다.

이게 대체 웬일인가?
어안이 벙벙한 채 아무 생각 없이 집사님을 따라 나섰습니다. 헌금을 계수하시던 다른 두 집사님께서도 같이 가자며 길을 나섰습니다.

양복점에 들려, 몸 칫수를 재고 양복을 맞춘 후에 함께 교회로 향하여 오는데, 함께 동행하였던 정00집사님이 제 옆에 가까이 오더니 하는 말, "전도사님, 누구는 자전거도 사드리고, 누구는 양복도 맞추어 드리는데, 저는 자그마한 것이나마 새 구두나 사드릴까 합니다."하는 것이 아닙니까?

전정 기적도 이런 기적은 드물 것입니다.

금요일에 대화를 나누며, 필요한 것을 이야기 나누고, 이튿날 토요일 심방하면서 자전거 가게에 들려 자전거 보고, 그리고 이어 다음날 주일 아침에 바로 그 자전거와 양복과 구두가 모두 이루어지다니!

세상에!

하나도 아닌 세 가지가, 일순간에 다 이루어지다니!

그것도 집사람과 이야기를 나눌 때의 순서에 따라, 먼저는 자전거, 둘째로는 양복, 세 번째로는 구두가 순서대로 이루어졌고, 그것도 일순간에 이루어 진 것입니다.

저는 이 기적을 평생 잊을 수 없습니다.

우리들의 대화를 들으시는 하나님을 찬양합니다.

우리들의 대화에 귀 기울이시어, 응답하시는 하나님을 찬양합니다.

이제 막 주님의 종으로 부름 받아 사역지로 나선 어린 전도사에게 직접 보이신 것입니다.

여기서 제가 크게 깨달은 것이 있습니다.

"아! 하나님께서는 이 기적을 통해 내게 알려 주셨구나. 내 평생에 모든 필요를 치워 주시겠다는 언약이구나!"

그 일 후로 내 일생 살아오는 동안 먹고 사는 것에 염려를 해 본 적 없음을 감히 고백 드릴 수 있습니다.

그렇습니다!

살아계시는 하나님은 제 모든 삶에 개입 하셔서 필요한 것들을 때마다 확실히 채워 주셨습니다. 제 사역의 모든 순간 함께 하심으로 마음속 필요 까지 충만하게 하셨음을 고백 합니다. 우리의 생각 까지 아시고 채우시는 하나님을 진심을 다 해 찬양합니다.

이 후로 저는 목사 안수식의 권면의 시간에 강단 자리가 주어지면 안수 받는 목사님들께 다음과 같은 메시지를 전했습니다.

"앞으로 목사님의 삶은 하나님이 전적으로 책임지십니다. 하나님 은 이제 목사님과 온라인 계좌를 터 놓았으니 하나님께 입금 해 달 라고 구하시고 생활을 위해 사람에게 손 벌리지 마십시오. 그렇게 하면 하나님이 채우십니다."

추신 : 나에게 자전거를 선물한 그 김 집사님은 후에 신학을 하고 목사님이 되시어 들리는 소식으로는 사람들이 가기 꺼려하는 섬마을 전도에 힘쓰신다는 아름다운 소식을 들었습니다.

간증 3
내가 너와 함께 하리라

　　1979년, 부산 침례병원 전도사로 근무하다가 대전에 있는 총회 소속 기관인 '지방 전도부'라는 부서로 사역지를 옮겼습니다. 당시 대전 옥계동에 있는 교회에 다니고 있었는데 담임 목사님께서 다른 교회 부흥회 인도를 위해 출타 하신다며 제게 강단을 맡기셨습니다.

　　부탁받은 새벽 기도회 인도를 마치고 강단에 엎드려 기도를 하는데 제 옆에서 누군가 함께 기도하기 시작 했습니다. 누가 강단까지 올라와 기도 하나, 실눈을 뜨고 옆을 보니 아무도 없습니다. 다시 눈을 감고 기도를 했습니다. 얼마 기도를 하다 보니 또 누군가 와서 함께 기도 하고 있다고 느껴졌습니다. 그 느낌이 너무 확실 해 이제는 제대로 눈을 뜨고 옆을 보았습니다. 역시 아무도 없는 것입니다.

　　다시 기도하기 시작 했습니다.
　　기도가 제대로 됐겠습니까. 그런데 정말 이상합니다.
　　눈을 감고 가만히 있어도 누군가가 기도 하는 것이 더욱 생생하게 느껴지는 것 아닙니까. 그래서 이번에는 눈을 감은 채 팔을 뻗어 휘휘 저으며 더듬었습니다. 역시 아무것도 만져지지 않습니다.

이런 일이 있은 후, 기도를 마칠 때 쯤 되어 "전도사님, 전도사님" 하고 나를 찾는 소리가 들렸습니다. 기도를 마치고 강대 위에서 내려와 보니 여전도회 회장으로 교회를 섬기고 계시는 여 집사님(집사님의 성씨가 여씨입니다.)이 강대 아래에서 저를 찾는 것입니다. 여 집사님의 남편은 당시에 말마차로 짐을 나르는 일로 생계를 유지하고 있었습니다.

강대 아래로 내려오는 저를 향하여 집사님은 근심어린 목소리로 이렇게 말하는 것입니다.

"전도사님, 저의 남편이 허리를 다쳐 삼일 째 꼼짝을 못하고 누워 있으니 오셔서 예배를 들려주시고, 안수기도도 해 주세요."
"예 제가 집에 가서 아침식사를 마치고 곧장 가겠습니다."

집에 돌아와 아침식사를 서둘러 마친 나는 바삐 집사님의 집으로 향하였습니다. 여 집사님의 집에 도착하니 남편은 자리에 누워 저를 맞이하였습니다. 가정 식구들과 함께 예배를 드린 후에 손을 허리의 없고 안수기도를 해 드렸습니다.

그 후에 저는 서둘러 대전역 근처에 위치한 사무실로 출근을 하였습니다. 당시 저의 사무는 지방 전도부 부장으로서 이제 교회 개척을 막 시작하는 목회자를 돕는 일로서 3년차까지의 목회자의 생활비를 보조해 드리는 일이었습니다.

제가 사무실에 도착하여 한 시간이나 지났을까?

내 책상 위에 놓인 전화벨이 울렸습니다. 전화 수화기를 들어보니 들뜬 목소리의 여 집사님의 목소리가 들려왔습니다.

"전도사님, 전도사님, 제 남편이요, 전도사님 안수 기도 받고요, 벌떡 일어나 식사하고 일하러 나갔어요, 감사해요."

"아! 그래요? 하나님의 은혜지요."

전화를 마친 후에 수화기를 놓고 저는 잠시 생각에 잠겼습니다.

새벽기도 때의 일이 생각났습니다.

새벽 기도 때에 누군가가 내 옆에서 나와 함께 기도하는 느낌을 받은 일이 생각났습니다.

"아! 이 일을 위하여 주님이 나와 함께 하시었구나! 나의 약함을 아시고 내게 기도의 힘을 더 하시었구나!"

베드로의 사건이 생각났습니다.

예수님께서 이르시기를

"베드로야, 내가 너를 위하여 기도하리니 돌이킨 후에 제자들을 굳게하라."하신 말씀이 생각났습니다.

　이로서 깨달은 것이 있습니다.
　"내가 너와 함께　하리라."는 주님의 언약이구나 하는 깨달음입니다.

　주님의 일을 하시는 모든 목회자들이여!
　"담대하십시오. 주님이 함께 하십니다."

간증 4
성전은 돈으로 세우는 것이 아니니라

대전에 있는 동안 마음에 강한 감동이 왔습니다.

"목회자로 부름을 받았으니 기관에 있기 보다는 일선에 나아가 교회를 세워야겠다"는 강한 감동이 왔습니다.

그러던 중 80년도 9월에 목사 안수를 받는 나는 그 해 10월에 부천시 소사동에 위치하여 있는 설립한 지가 2년 정도 되는 개척교회로 자리를 옮기게 되었습니다. 당시 교회는 이층 홀을 150만원에 세로 얻어 사용하고 있었으며, 교인이라고는 어른과 학생과 아이들 모두 합하여 20명 정도의 작은 개척교회로 설립목사가 교회를 떠난다는 말을 전하여 듣고 가게 되었는데, 당시에 저는 교회전세금에 상응하는 액수의 돈을 전임목사에게 주고 교회를 인수받아 섬기게 되었습니다. 이 때의 돈은 개인적으로 빌린 돈이었고, 이를 갚는데 6년의 세월을 보내야 했습니다.

교회는 25평정도의 이층 건물로서 그 안에 3평정도 따로 구별하여 방을 드리고 아궁이를 만들어 세 식구가 살며 목회를 시작하였습니다. 그 때 첫아이가 두 돌이 지났을 때입니다.

교회가 세 들어 목회하는 건물은 당시에 건물을 지을 때에 단열제를 제대로 사용하지 않았기에 여름에는 덥고, 겨울에는 춥기가 말로하기 어려웠습니다.

그 해 겨울이었습니다.
날씨가 추워지니까 이층 위에 눈이 쌓이고, 작은 살림방은 너무도 추웠습니다. 추위를 이기려고 연탄을 태워 방을 데우니, 밖의 온도와 방 온도가 차이가 나니 천장에 온통 물방울이 맺혔습니다. 얼마 지나지 않아서 천장에 맺힌 물방울이 점점 커져 이제는 뚬방 뚬방 하나 둘 방바닥으로 떨어지기 시작합니다. 처음에는 그릇들을 대어주며 떨어지는 물방울을 받았지만은 여기저기서 떨어지는 물방울을 감당할 수가 없었습니다. 자그마한 방에 발 디딜 곳에 없이 물방울이 떨어지는 것입니다. 난감하였습니다.

진퇴양난이라는 단어를 여기에 쓰는 것 같습니다.
방에 들어갈 수도 없고, 그렇다고 밖에 추운데 밖에 마냥 있을 수는 없었습니다. 더욱이 간난아이까지 데리고 말입니다.

궁하면 통한다고 하였나요?

천장을 바라보며, 맺혔던 물방울이 떨어지는 것을 참담한 마음으로 바라보고 있노라니 번쩍 하고 한 가지 생각이 떠올랐습니다. 방이 적으니 천장이 적을 수밖에요. 천장에서 떨어지는 물방울을 받는 커버가 있으면 되겠다 싶었습니다. 그래서 얼른 철물점에 달려가서 커다란 비닐을 사왔습니다. 김장을 담글 때 쓰는 커다란 비닐을 사서 넓게 펴서 천장을 비닐로 덮고 가느다란 막대를 이용하여 사방을 못질을 하였습니다. 이런 때는 방이 적은 것이 다행이다 싶었습니다.

이제는 방바닥에 물방울이 떨어지는 것은 해결이 되었습니다.
그런데 그 다음이 문제였습니다.
방바닥에 떨어진 물을 깨끗이 닦고 방바닥에 누워 천장을 바라보니 마음이 편안하였습니다. 그런데 얼마 지나지 않아 걱정이 생겼습니다. 방바닥에 떨어지던 물방울이 하나 둘 천장에 쳐 놓은 비닐에 떨어지니 물이 비닐 중앙으로 모여 물의 무게로 비닐 중앙이 아래로 점점 처지는 것입니다. 아래로 아래로 처지는 비닐은 이제는 금방이라도 터질 것 같이 되었습니다. 이러다가는 조만간 온통 방안이 대 홍수가 날 것 같았습니다.

이를 어쩌나?
저 비닐에 모인 물을 한 곳으로 떨어지게 하는 방법은 없을까 생각하다가 한 방법이 생각났습니다. 얼른 부엌으로 내려가서 성냥을 한 개비 가져오고 밥 그릇 하나와 수저 하나를 가져왔습니다. 그리고 실을 찾아 성냥 가운데를 실로 매고, 다른 끝은 수저에 잡아매었습니다. 그러고는 실에 맨 성냥을 잡아 물에 부풀어 금방이라도 터질 것 같은 비닐에 살며시 꽂아 넣었습니다.

그리고는 실에 맨 수저를 팽팽하게 잡아당겨 밥그릇에 넣었습니다.

이제 물은 실을 타고 나의 밥그릇으로만 흘렀습니다. 이제 밥그릇에 물이 차면 비우고 또 다른 밥그릇을 대어 놓으면 되었습니다.

해결되었습니다.

비닐 안에 있던 물이 성냥에 메어 있는 실을 따고 졸~ 졸~ 졸~ 밥그릇으로 고이기 시작한 것입니다. 할렐루야!

이 일로 하나님께 감사기도를 드렸습니다.

이로 인하여 한 가지 지혜를 얻었습니다.

하나님은 우리를 위하여 곧 터져 넘칠 것 같은 엄청난 은혜와 축복을 이미 준비하시었다는 것과 이 곳에 우리의 기도의 줄만 이어 놓으며 그 기도의 줄을 타고 하나님의 은혜와 축복이 나의 밥그릇에 끊임없이 채우신다는 사실을 깨달은 것입니다.

그 해 겨울 80년도 12월에 하나님은 우리에게 선물을 주시었습니다. 둘째가 태어난 것입니다. 이제는 아이 둘을 데리고 3평 남짓

하는 곳에 살수가 없었습니다. 우리는 교회가 세 들어 있는 건물 안 채로 주인이 사는 집이 있었고, 그 집 이층을 빌려 이사를 하게 되었습니다. 160만원에 빌린 셋집은 이전에 비하면 대궐과 같았습니다. 이층 독채로 방에 3개나 있는 집이었습니다.

1982년 가을이 되었고, 이 때에 셋째가 태어났습니다.

셋째가 태어나고 얼마 지나지 않아 저의 마음에 하나님의 집인 교회를 지어야겠다는 간절한 열망이 생겼습니다.

주일 낮 설교 시간에 성전건축에 대한 설교를 마치고, 교인들에게 교회 건축을 위하여 금식 기도할 것을 선포하였습니다. 교인들의 신앙상태를 알고 있기에 "한 사람이 하루씩만 금식하되 성전건축을 기도의 제목으로 정하여 기도하십시다." 라고 말하였습니다. 제가 먼저 금식하고 다음 사람이 이어서 금식기도를 하기로 정하였습니다. 금식기도를 시작한지 20여일이 채 안되어 금식기도를 이어갈 사람이 눈에 띄지 않았습니다.

금식기도를 마치고 난 후의 첫 주일에 저의 설교 제목은 "믿고 구한 것은 받은 줄로 믿으라." 였습니다.

설교를 마치고 광고시간에 나는 교인들을 향하여 "이제 우리 교회는 성전건축을 위하여 금식기도를 하였고, 거의 모든 성도가 마음을 하나로 하여 기도하였기에 하나님께서 우리의 기도를 들으신 줄로 믿습니다. 우리 교회의 부지는 준비되었습니다. 할렐루야!"라고 말씀을 드렸습니다.

　그 이튿날 월요일 새벽기도를 마친 나는 집에 들어와 사모가 채려준 밥상 앞에 앉아 식사를 하기 시작하였습니다.

　식사를 하던 중에 마음에 음성이 들렸습니다.

　"김목사야!" 하고 부르시는 음성입니다.

　부르시는 음성에 "예?" 하고 대답을 하자 "네가 믿음이 없다."하는 책망의 음성이 들여왔습니다.

　"제가 믿음이 없다니요! 제가 하나님을 믿기에 주님을 증거하는 설교를 교인들에게 하지요!" 하고 말씀을 드리자

　"너는 설교는 잘하였지만은 네가 믿음이 없느니라." 하는 책망의 음성이 들려 왔습니다.

　"제가 믿음이 없다구요?" 하고 반문하는 순간에 정신이 번쩍들었습니다.

　그렇구나, 내가 정녕 믿음이 없구나!

　성전건축을 위하여 금식 기도하였고, 그 기도를 하나님께서 정녕 들으신 줄을 확신한다면 하나님께서 교회를 건축할 성전 터를 예비하였으리라. 그렇다면 고대하고 고대하던 성전 터가 있다면 이러고 있겠는가? 당장 보러가지 않겠는가?

생각이 여기에 미치자 밥 먹던 숟가락을 놓고, 자리에서 벌떡 일어나 옷을 주섬주섬 입었습니다. 이러는 나를 사모는 의아해 하며 바라보았습니다.

사모는 내가 마음에 들려오는 음성과 대화를 나눈 것을 알 수가 없으니까, 왜 저러나 하고 의아한 눈초리로 바라보는 사모를 뒤로하고 저는 집을 나섰습니다.

막상 집을 나서 거리에 나오기는 하였으나 어디로 가야할지, 하나님이 준비하신 교회부지는 어디 있는지 막연하였습니다.
가만히 서서 생각해보니 가야할 곳이 생각났습니다.

복덕방! 땅하면 복덕방이지요.

그래서 무작정 가까운 복덕방에 들렀습니다.
"여기 땅 나온 것 있습니까?"
"우리한테는 아직 없는데요!"

두 번째 가까이 있는 복덕방에 들렀습니다.
"여기 땅 나온 것 있나요?"
"예, 있는데요. 보러 가시겠습니까?"

"그러지요"

사실 우스운 일이지요.

현재 돈 한 푼 없는 백수건달에 가까운 사람인 내가 무슨 배짱으로 땅을 사겠다고 보러 가는지, 내 자신도 모릅니다.

그가 보여준 땅이 바로 소사초등학교 정문 바로 앞에 있는 건물 뒤에 위치한 땅이었고, 73.4평에 이르는 땅이었습니다. 당시 땅 주위에는 듬성 듬성 몇 개의 건물이 지어져 있었습니다. 그 땅을 보는 순간, 마음에 "이 땅이 교회 부지로구나" 하는 믿음이 왔습니다. 값을 물어보니 당시 가격으로 2000만원에 내 놓은 물건이라는 것입니다.

그러면 저희가 구입하겠습니다 라고 말하고 복덕방 주인과 헤어졌습니다. 돌아오면서 생각하니 계약금만 무려 200만원에 달하는 금액입니다. 당장 한 달 생활비 몇 십만원의 헌금도 어려운 교회에서 계약금조차 준비한다는 것은 거의 불가능한 일이었습니다.

그 때로부터 제단에 엎드려 기도하기 시작합니다.

"하나님, 땅을 보고 왔습니다. 그 땅이 교회 땅이라는 믿음이 왔습니다. 그러나 우리 교회로서는 땅을 구입할 힘이 없나이다. 아니 계약금조차 마련할 수 없는 형편입니다. 도우소서. 도우소서."

눈물로 간구합니다.

새벽에도 부르짖어 간구합니다.

기도를 하고 나면 마음에 그 땅은 교회 대지라는 확신이 더욱 강하게 밀려옵니다.

집사님들을 별도로 찾아다니며 내가 본 땅이 교회부지인데 그 땅을 구입하여 교회를 세워야 한다고 설득하기 시작하였습니다.

나의 이야기를 들은 집사님마다 하시는 말씀이 "목사님, 정신 차리세요. 땅을 구할 자금이 없지 않나요? 설령 땅을 구입하였다 합시다. 무슨 돈으로 건축합니까?"하는 것입니다.

그들에게서 이런 말을 들으면 마음이 서운하였지만 그들의 말이 당연한 말이니 어찌 대답할 말을 찾지 못하고 돌아옵니다.

밤에 재단에 엎드려 눈물로 간구합니다.

기도를 드리고 나면 마음에 그 땅이 교회부지라는 믿음이 더욱 강하게 밀려옵니다. 그러면 그 이튿날 아침이 되면 용기백배하여 또 다시 집사님들을 설득하기 위하여 만날 수 있는 집사님을 찾아갑니다.

역시 같은 말을 듣습니다.

"목사님, 몇 번이나 말하여야 듣습니까? 지금 우리가 가진 재정에는 돈은 없고, 만일에 목사님 말씀대로 사택전세금 빼어서 땅 계약금 겨우 치르고 나면, 그 다음은요 거리에 나 앉으시렵니까?"

말을 듣고 낙심하여 돌아옵니다.

물론 그들에게서 교회를 지을 돈을 바라는 마음은 결코 없었습니다. 왜냐하면 그들의 삶의 형편을 너무도 잘 아니까요.

돌아와 재단에 엎드려 뜨겁게 간구합니다.

믿음의 확신이 옵니다. 다시 집사님들을 찾아갑니다. 똑같은 말을 듣습니다. 기도하고 찾아가고, 기도하고 찾아가고 이러기를 한 달 정도가 지났습니다.

그 때에 재정을 담당하던 집사님은 제가 찾아가 교회부지에 대하여 한 달이 넘도록 몇 번씩을 이야기 하니 마지 못하시어 하시는 말씀이 "정 그렇다면 계약이나 해 보시지요. 그러나 교회에서 지출할 재정이 전혀 없음을 목사님이 더 잘 아실 것입니다."하고 말하는 것입니다.

그 말을 들었을 때에, 그 말이 얼마나 고마운지!

현실이 뻔한데 목사님이 그 일을 하시겠는가? 미치거나 바보가 아닌 다음에야 실행에 옮기지는 못하리라는 마음으로 그리 말하였으리라는 생각이 듭니다. 어찌 되었건 교회재정에서는 전혀 지불할 돈이 전혀 없다는 말에도 불구하고 그저 목사님 생각 하시는 대로 해 보시라는 말이 너무 고마웠습니다.

자! 정 그렇다면 한번 해 보시라는 말을 들었으니 이제는 계약금을 가지고 가서 계약을 해야 할 텐데 계약금 이백만원이라는 돈이 있을 리가 없지요.

　이 문제를 가지고 기도로 나아갑니다.
　하나님께 눈물로 간구하는 중에 우연히 통장을 열어보게 되었는데 저의 통장에 [오십만원]이라는 돈이 들어와 있는 것입니다. 그것을 확인하는 순간 무슨 돈인가 생각해보지도 않고, 따져보지도 않고 옳지 됐다 하고 쾌재를 불렀습니다. 이 돈으로 우선 계약을 치루어야지 하는 생각 외에는 아무런 생각이 나지를 않았습니다.
　후에 알게 된 사실이지만 이 돈은 셋째가 태어날 때에 몸이 약하게 태어나 수술이 필요한 상황이었습니다. 이 소식을 전하여 들은 형이 수술하는데 보태라고 보내 준 돈이었습니다.

　은행으로 달여간 나는 곧 바로 돈을 찾았고, 그 돈 50만원을 들고 복덕방을 찾아가서 땅 계약을 하겠다고 말하였습니다. 그러자 복덕방 사람이 하는 말이 "계약금 이백만원을 준비하시었습니까?" 하고 묻는 것입니다.
　"지금 저의 수중에 오십만원 밖에 없는데요"
　"그것 가지고는 어림도 없지요. 땅 값 이천만원에 대한 계약금이 10%이니까 이백만원은 준비하여 오셔야 합니다."
　"어찌 되었던 땅 주인을 만나게 해 주십시오. 제가 부탁을 해 보

렵니다. 계약이 되든지 안 되든지 고사하고 주인에게 한번 연락이
나 해 주십시오."

이 말을 들은 복덕방 사람은 고개를 갸우뚱하며 안될 것인데요
라는 말을 연신하면서도 주인한테 연락하는 것이었습니다. 어찌 되
었든 복덕방으로서는 계약이 성사되면 좋은 일이니까요.

이렇게 하여 주인을 만나게 되었고, 저는 단도직입적으로 말씀을
드렸습니다. 현재 제게는 계약금으로 오십만원 밖에 없습니다 그
러나 반드시 나머지 돈도 빠른 시일 내에 마련하여 드리겠습니다
하고 말씀을 드렸습니다.

그런데 이상한 일이지요!
이 말은 들은 땅 주인은 [그렇게 합시다] 하고 한 마디로 흔쾌하
게 허락하는 것입니다. 계약을 허락받은 나는 이렇게 부탁을 하였
습니다.
계약을 치루면서 동시에 땅을 사용할 수 있도록 허락하여 주십시
오 하고 부탁을 하였고, 이것까지도 흔쾌하게 허락을 받은 것입니다.

계약서를 받아들고 돌아오는 나는 하늘을 나는 것 같았습니다.
세상에!
계약금의 4분의 1에 해당하는 돈으로 계약을 마치었고, 더군다

나 잔금을 치루기 전이라도 땅을 사용할 수 있는 사용허가서까지 받은 것입니다.

주일에 저는 이 사실을 교회에 알리었고, 교회를 건축할 계획을 논의 하였습니다.

[교회를 건축하다]
자! 이렇게 하여 교회부지는 어찌되었건 마련이 되었습니다.
오십만원에 계약을 마쳤고, 부지사용도 허락을 받았습니다.

주일 예배를 마친 후에 광고시간에 "이제는 우리 모두가 하나님 앞에 금식하며 기도한 대로 하나님이 응답하여 주시어 교회부지가 마련되었습니다. 그리고 교회 부지 사용허락도 받았습니다. 그러니 이제 우리는 힘을 내어 교회를 세워야 하겠습니다." 하고 말씀을 드렸습니다.

모든 성도님들은 의아해 하는 눈으로 모두 저를 바라보는 것입니다.
그들의 눈빛에는 저는 "무슨 돈으로 남은 계약금 일백오십만원을 지불하고 거기에 남은 잔금 일천팔백만원은 어디서 준비할 것이며, 더군다나 교회 짓는 돈은 어디에서 마련한다는 거지?" 하는 의아심의 마음을 읽을 수 있었습니다.

너무 낙심되어 재단에 엎드려 눈물로 간구하며 "하나님, 저희는 돈이 없어 주님의 교회를 지을 수가 없나이다. 교회 부지를 위하여 계약은 마치었지만 계약금의 나머지 잔금과 부지대금을 완납할 힘이 없나이다. 더욱 나아가서 교회를 지을 자금이 전혀 없나이다." 하며 눈물의 기도를 드렸습니다.

어느 날 저녁 기도시간에 주의 음성이 기도하는 나의 귀에 들렸습니다.

"김목사야, 내 교회를 돈으로 짓는 줄 알았느냐? 내가 짓느니라.!"

이 음성이 들려왔을 때 저는 깜짝 놀랐습니다.
저는 지금까지 교회를 돈으로 짓는 줄 알았습니다.
그러나 하나님은 나의 그릇된 생각을 고쳐 주시었습니다.
아! 그렇구나 하나님의 집은 하나님이 지으시지 돈으로 세우는 것이 아니로구나. 이런 깨달음과 함께 이런 믿음이 왔습니다.

"내 교회를 돈으로 짓는 줄 아느냐? 내가 짓느니라." 하는 음성을 들은 후에는 마음에 근심 걱정이 사라지고 "하나님이 시작하셨으니 하나님이 친히 이루실 거야!"하는 확고한 믿음이 생겼습니다.

[오늘날 교회 건물을 돈으로 생각하는 사고방식을 바로잡아야 할 것입니다. 이러한 그릇된 사고방식에 의하여 교회 건물을 사고파는 일을 금하여야 할것입니다.

교회 건물은 하나님의 집이며, 교회를 투자 개념으로 생각한다면 큰 일 입니다. 교회는 돈으로 세워지는 것이 아니며 하나님이 친히 세우신 성전입니다.]

다행이 우리 교회에는 건축 일에 관여하는 분들이 계셨습니다.
어떤 분은 페인트 가계를 하면서 건축 일에 관여하고, 어떤 이는 미장이 일을 하는 분들도 있었습니다.

건축에 전혀 문외한인 내가 그들에게 이야기를 하였습니다.
우리 에게는 돈이 없으니 이렇게 지읍시다.
"시멘트 블럭으로 사방을 세우고 가볍게 지붕을 날아갈 듯이 살짝 덮고 문짝만 달면 우선 들어가 예배를 드릴 수 있지 않겠습니까? 사택은 두세 평정도 붙여 짓는다면 되지 않겠습니까? 그렇게 하면 제 생각으로는 150만원 정도 들여서 짓을 수 있지않을까요?" 하고 제안을 하였습니다. 제가 150만원을 생각한 것은 아마도 사택이 160만원에 전세로 들어 있는 것을 생각하고 말한 것입니다.

'뻔데기 앞에 주름잡는다.' 라는 말은 이런 때를 두고 하는 말 같습니다.

그들이 말합니다.
"150만원으로 짓는다는 것은 참으로 어려운 일이지만, 설령 지을 수 있다 하여도 당장 그 150만원은 어디서 구하는 것입니까?"

하면서 저의 말에 다들 난색을 표하는 것입니다.

사실 150만원을 구하는 방법은 사택에 들어 있는 전세금을 빼면 가능하지만은 그러면 저는 아이들을 데리고 정말 거리에 나 앉아야 하는 것입니다.

정말 난감한 일이었습니다.

이럴 때 방법은 하나, 하나님의 재단에 엎드려 기도하는 수밖에요.

"주여! 150만원의 돈이 없어 성전을 지을 수 없나이다. 도와 주세요."

기도하기를 한 주정도가 지났을까요?

재단에 엎드려 기도하는데, 뜬금없이, 정말 뜬금없이 한 사람이 머리에 떠오릅니다.

그 분은 바로 이종문 장로님!

이장로님은 형의 절친한 친구 분이셨습니다. 물론 저하고는 어떤 교류가 있었던 것이 아닙니다. 장로님의 부친은 전북 전주시 다가동에 세워진 전주성결교회의 담임목사님으로 당시 교회규모도 엄청 클 뿐만이 아니라 목사님 또한 이름있는 목사님이셨습니다. 저로서는 어릴 때, 형이 친구 분을 만나러 갈 때에, 한 두번 따라가본 적이 있을 뿐입니다.

언젠가 형한테 들은 기억을 더듬어 서울의 독립문 성결교회로 연락을 하여 보았습니다. 다행히 장로님의 전화번호를 알게 되었고, 저는 장로님에게 연락을 취하였습니다. 전화가 연결되었습니다.

전화가 연결이 되어 제가 장로님에게 사정을 이야기 하였습니다 "여차 여차하여 교회를 지어야겠는데 돈이 없습니다. 기도하는 중에 생각이 나서 연락을 드렸습니다." 저의 전화를 받은 장로님은 이렇게 말하는 것입니다.

"마침 우리 독립문 성결교회가 이전하여 교회를 지으려 하는데 교회 장로로서 건축헌금을 드리지 않을 수 없습니다." 하고서 잠시 뜸을 드린 후에 "기다려 보시지요." 하는 것입니다. 그러고서 전화가 끊어졌습니다.

몇 날이 지나고 어느 날 "따르릉"하고 장로님 한테서 전화가 왔습니다.

"김 목사님, 몇 날 몇 시에 어디서 만나지요."

〈정확한 날짜와 시간 그리고 장소가 기억이 나지 않습니다. 어느 다방이었다고만 생각납니다. 〉

우선 만나자니 너무 감사하고 고맙고 기대가 되었습니다.

저를 만난 장로님은 저에게 봉투 하나를 내밀며 하시는 말씀이 "큰 도움이 되지 못하여 미안합니다." 하시는 것입니다. 봉투에 있는 돈이 얼마인지 무척이나 궁금하였으나 그 곳에서 열어 볼 수는 없고, 장로님과 헤어져 재빠르게 집에 달려온 나는 봉투를 열어 보았습니다.

[수표로 150만원]
그 안에는 정확하게 수표로 150만원이 들어 있었습니다.

저는 그 돈을 받아 들고 깜짝 놀랐습니다.
교인들 앞에서 150만원이면 교회를 세우지 않겠습니까? 말하고 하나님 앞에서 울며 기도한 그 150만원이 더도 덜도 아닌 그 150만원이 들어 있었던 것입니다. 교회를 짓는 돈을 주신 것이지요.

하나님은 나의 간구함을 들으시며, 응답하시되 정확하고 확실하게 응답하여 주시었습니다. 한 푼의 오차도 없이 말입니다.

이 서신을 빌어 장로님에게 감사의 말씀을 드리고자 합니다.
"이장로님! 감사합니다. 그리고 고맙습니다."
그 돈을 받고도 제대로 된 감사를 장로님께 드리지 못하였음을 너그러이 용서하여 주시기 바랍니다.

[후에 이종문 장로님은 신학을 하시고 목사님이 되시어 서울 강동에서 목회하시고 지금은 은퇴하시었습니다. 또한 저의 형이 되는 김일광 장로님은 공

직생활을 정년퇴직하신 후에 미국으로 유학을 가서 신학을 하시고 목사님이
되시어 서울 신월동에 교회를 개척하시어서 늦게나마 부모님의 서원을 이루
어 드렸습니다.]

이렇게 하여 교회를 짓기 시작하였습니다.

이러한 일련의 사건들을 나의 간증으로 듣게 된 성도님들은 더욱
더 힘을 내었고 교회를 짓는 일에 착수 하였습니다. 건축에 대하여
모르는 나는 건물이 그냥 세워지는 줄 알았습니다.

건축은 종합예술이라고 하더라구요.

먼저 설계도를 만들어야 하는데, 당시에 설계도를 구하는 데만
150만원이 넘게 들었습니다. 교회를 짓는데 쓰여야 할 비용이 전
혀 없는 것입니다. 장로님한테서 받은 돈이 설계도를 구하는데 다
소비된 것입니다.

그래서 할 수없이 제가 세 들어 살고 있는 주인에게 찾아가서 사
정 이야기를 하였습니다. 그러자 주인은 선 듯 전세금을 선불하여
주었고, 그 돈으로 교회 짓는 일을 시작할 수 있었습니다.

그 후에 바닥을 시멘트로 다지고, 블록으로 벽을 쌓고, 지붕 올
리고....등등 건축비는 고사하고, 대지 계약금 잔금, 대지 잔금 등
이 모든 금액이 어찌 마련되었는지 ....솔직히 말씀드려 전혀 모르
겠습니다. 다만 하나님이 채워 주시었음을 고백드리지 않을 수 없

습니다.

이렇게 하여 교회가 세워졌습니다.

바람이 불면 날아갈 듯이 블록으로 새워진 성전이었지만은 우리로서는 대궐보다 더 아름다웠습니다.

성전 45평 정도, 그리고 성전에 이어서 붙여지은 사택 7평정도의 건물이 세워진 것입니다. 성전에 처음 예배드리는 날의 기쁨과 희열을 무엇으로 표현할 수 있을까요?

성전에 완성한 후 3년 정도가 되어, 그리 길지 않는 기간에 모든 채무를 다 갚도록 하나님은 축복하여 주신 것입니다. 하나님께서 물 붓듯이 채워 주시었습니다.

이렇게 하여 세워진 교회가 바로 제가 은퇴하기까지 섬겨온 교회로서 현재 경기도 시흥시 장곡동에 소재하여 있는 시온성 장로 교회의 전신인 것입니다.

바라기는 주께서 친히 이르시기를 "나의 집(성전)을 돈으로 짓는 줄 아느냐? 내가 세우느니라"하시었으니 하나님의 거룩한 성전을 돈으로 계산하여 이득을 취하려는 망령된 일이 없기를 바라며, 하나님이 친히 세우신 주의 성전이 영원이 지속되기를 기도합니다.

[당부의 드리고 싶은 말]

목회의 길을 가고자 신학을 하는 예비 목사님들에게,

그리고 이제 막 목회를 시작한 목사님들에게 권하고 싶은 말이 있습니다.

크든 작든 당신의 눈물과 기도로 이 땅에 교회가 세워지는 희열과 영광을 맛보시기 바랍니다. 하나님의 영광을 위한 주의 전을 세우시기 바랍니다.

하나님의 마음에 들기에 다윗을 통하여 당신의 뜻을 이루시겠다고 말씀하신 하나님은 그러나 정작 당신의 거룩한 성전을 세우는 일에는 다윗의 손으로 세우기를 허락하지 않았습니다. 다윗의 손은 피 묻은 손이기에 그렇다 하시고 그 아들 솔로몬을 통하여 성전을 세우신 것입니다.

이런 거룩한 성전 세우는 일에 당신이 친히 쓰임을 받는다면 얼마나 영광스럽겠습니까?

타인이 이루어 놓은 교회에 들어가 편안한 목회를 꿈꾸신다면 자랑스러운 일도 아니며, 이러한 것이 복이라는 개념을 과감히 버려야 할 것입니다.

어느 때인가 이 땅에서 벌어진 일입니다.

무엇인고 하니 어느 여론조사에서 결혼 순위에서 1순위로 목사가 등장한 적이 있었습니다. 이런 결과는 참으로 비참한 일이라는 생각이 듭니다. 이것이 나만의 생각일까요?

어찌하여 이런 일이 일어났나요? 교회가 부요해지기 시작하면서 부터입니다.

목회가 주를 위한 고난의 자리요, 헌신의 자리요, 희생의 자리요, 한 영혼구원을 위한 눈물의 자리라는 인식이 있었다면, 과연 이런 일을 행하기 위하여 나선 목회자가 결혼 순위에서 1순위라는 엄청난 결과가 일어날 수 있었을까요?

목회생활에 있어서 평안하고 안일을 꿈꾸는 결과가 아닐까 생각합니다.

하나님의 부르심을 받은 목회자들이여!

용기를 내십시오. 자존감을 세우시기 바랍니다.

모든 것이 갖추어진 기성교회에 가서 평안한 목회 생활을 꿈꾸지 마세요.

하나님은 당신을 통하여 이 땅위에 주님의 교회를 세우시기를 기뻐하십니다.

이로 인하여 하나님은 영광을 거두실 것이요, 당신은 하나님의 부르심을 받은 진정한 목회자로서의 참 보람을 느끼게 될 것입니다.

간증 5
상장과 상품

어느날 잠에서 깨어나자 집사람이 하는 말

"여보, 왜 잠을 자면서 눈물을 흘리었어요?" 하고 묻는 것입니다.

그러고 보니 내가 베고 자던 베개가 눈물에 젖어 있었습니다. 아내의 물음에 저는 내가 흘린 눈물은 감격과 감사의 눈물이었다고 대답하고 꿈에서 본 이야기를 들려 주었습니다.

"지난 밤 내 꿈에 내가 어디를 갔는데 어느 커다란 건물이었어요. 그 건물에 들어선 나는 우선 그 건물의 웅장함에 놀랐어요.

그 커다란 건물의 이 곳 저 곳을 살펴보고 난 후에 지하실로 내려가게 되었는데, 놀라운 것은 그 커다란 건물의 드넓은 지하실에는 바닥에서 천장까지 가득히 물건이 쌓여 있는 것이었어요. 무슨 물건이 이렇게 쌓여있을까 하고 쌓여있는 물건들 중에 하나를 꺼내보았는데, 놀라운 것은 그것이 바로 상품과 그 상품위에 놓인 상장이었다오. 또 다른 것을 꺼내어 펼쳐 보았어요. 그것도 역시 상품과 상장이었어요. 다음 것도, 다음 것도, 다음 것도...."

기가 막혔습니다.

이 넓은 지하실에 상장과 상품이 이렇게 가득 쌓여 있다니?

이 많은 상장과 상품은 도대체 무엇일까?

누가 누구를 위하여 쌓아 놓은 것일까? 하고 마음에 의혹을 품는 순간, 깨달음이 왔습니다.

어떤 깨달음인고 하니 부모가 자녀를 위하여 쌓아 놓은 상장과 상품이라는 깨달음입니다. 그와 동시에 아! 부모님들이 주를 위하여 헌신하고 봉사한 것들과 그리고 자녀를 위한 눈물의 기도는 자녀를 위한 상장과 상품으로 쌓여지는구나. 부모님들의 자녀를 위한 눈물의 기도와 탄원은 하나도 헛되지 않아 하나님 앞에서 상장과 상품으로 쌓여지고 이것이 자녀들의 축복이었구나 하는 깨달음이었습니다.

그리고 자녀들이 그의 일생에 그 상장과 상품을 하나씩 하나씩 꺼내어 사용하는구나 하는 깨달음이 왔습니다.

여기까지 생각이 미치자 눈물이 하염없이 쏟아지는 것입니다.

지금까지 저는 내가 목회를 잘하고 은혜가 있어서 교회도 순조로이 건축하고, 모든 일에 있어서 나의 목회가 평탄한 줄 알았습니다. 그러나 그것이 아니라 부모님들의 눈물의 기도와 주를 위한 헌신에 힘입은 것이라는 사실을 깨달았고, 부모님들의 준비하여 놓은 그 상품과 상장을 하나 하나 꺼내어 내가 사용하고 있구나 하고 깨닫는 순간 하염없는 눈물을 흘린 것입니다."

[부모님들의 자녀를 위한 기도]

여기서 저의 부모님들에 관하여 말씀을 드리지 않을 수 없습니다.

저의 부모님 되시는 김진호 목사와 박현순 사모님에 대하여 말씀 드리지 않을 수 없습니다. 목회를 하시며 어려우신 중에도 자녀들을 모두 대학을 마치도록 하시었습니다. 이는 자녀를 위한 기도의 승리였습니다. 당시의 목회자들의 생활의 어려움을 아시는 분들은 저의 말을 이해하리라 믿습니다.

제가 신학을 하지 않겠다고 극구 반대한 여러 이유들 중의 하나가 바로 이것일 것입니다. 제가 아직 어릴 때입니다. 살을 에우는 듯한 추운 겨울, 한 밤중에 불기라고는 전혀 없는 차가운 교회 마루 바닥에 엎드려 밤이 맞도록 기도하시는 부모님의 모습을 교회 유리창 너머로 바라보면서 "정말 목회는 저렇게 하여야 하나? 얼마나 힘드실까?" 하는 어린 가슴에 차가움으로 다가왔던 것입니다. 이렇게 평생을 기도로 사신 분이십니다.

사실 이러한 기도가 있었기에 어려움 중에서도 목회를 하시었고, 주의 사역을 감당하시었고, 저희들을 이렇게 길러 주신 것입니다. 이렇게 많은 기도로 승리하시었기에 큰 은사도 받으신 분들입니다.

그러기에 여러 곳에서 많은 성도들이 안수기도와 예언기도를 받고자 찾아오기도 하였습니다.

한번은 어느 교회의 성도님이 부모님을 찾아오시어 제안하시기를 "나에게 임야가 있는데 제가 임야를 등기해 드리겠습니다. 기도로 사시는 분이시니 기도원을 세우시었으면 좋겠습니다."하였답니다. 그 때에 저희 부모님은 "감사합니다만은 저희는 목회에 전념하고자 합니다."하고 정중하게 거절하였다고 말씀하시었습니다.

이렇게 평생을 기도로 승리하신 부모님들의 교회를 향한 헌신과 눈물의 기도가 오늘날 자녀들을 위한 상장과 상품으로 쌓여진 것입니다.

또한 감사하는 것은 저희 장모님되시는 김금례권사님 역시 기도하시는 분이요, 말씀으로 사신 분이십니다. 예수를 믿고 구원받은 이후로는 "오직 예수"의 믿음으로 사신 분이시며, 평생을 기도로 사신 분이십니다.

십자가를 지고 넘어지며 쓰러지며 골고다의 길을 가시는 예수님을 눈물로 따르는 예루살렘의 여인들을 바라보시며 그들을 향하여 예수님은 이렇게 말씀하시었습니다.

"예루살렘의 딸들아! 나를 위하여 울지 말고 너희와 너희 자녀를 위하여 울라." (누가복음 23장 28절)

하나님께서는 아브라함에게 이르시기를 하갈과 그 아들 이스마엘을 네 집에서 쫓아내라 하시었습니다. 아브라함의 집에서 버림받고 쫓겨난 하갈은 아들 이스마엘을 데리고 브엘세바 광야에서 방황하다가 가지고 있던 떡과 물이 떨어지자 아이를 내려 놓고, 아이를 위하여 울었습니다. 하갈의 울음소리를 들으시고 하나님은 사자를 보내어 이르시기를 하나님이 "아이의 소리" 들으시었느니라 하시었습니다. 이어 하갈의 눈을 밝혀 샘물을 보게 하시고 그들에게 생명의 길을 허락하신 것입니다.(창 21:12~19)

여기서 우리가 유의하여야 할 말씀은 어미 하갈의 자녀를 위하여 우는 울음소리로 들으신 하나님은 그 울음소리로 인하여 "그 아이 이스마엘의 소리"를 들으셨다는 것입니다. 이같이 자녀를 위한 부모의 눈물의 기도는 하나님으로 하여금 자녀의 소리(기도)를 들으시게 하는 것입니다.

부모된 여러분,
자녀를 사랑하시나요?
자녀를 사랑하지 않는 부모가 어디 있겠습니까?
진정으로 자녀를 사랑한다면 자녀를 위한 기도를 쉬지 마세요.

자녀의 기도소리를 하나님이 들으시고 응답하시기를 원하시나요? 자녀를 위한 부모님들의 기도가 있다면 하나님은 부모님들의 기도를 보시고 자녀들의 기도에 귀를 기울이신다는 말입니다.

　이러한 부모님들의 자녀를 위한 기도가 자녀들 앞에 상장과 상품으로 쌓이어 자녀들의 삶에 복이 된다는 이 한 가지를 잊지 마시기 바랍니다.

　자녀를 위하여 수많은 물질적인 유산을 남겨 놓으시는 것보다 도적이 구멍을 뚫을 수 없는 하나님을 향한 헌신과 기도의 유산을 남겨 주시는 지혜로운 부모님들이 되시기를 부탁드립니다.